四川省工程建设地方标准

四川省园区市政道路工程设计、施工及验收规程

Code for design, construction and acceptance of
municipal road engineering of parks in Sichuan Province

DBJ51/T 078 – 2017

主编单位： 四 川 建 筑 职 业 技 术 学 院
批准部门： 四 川 省 住 房 和 城 乡 建 设 厅
施行日期： 2 0 1 7 年 1 2 月 1 日

西南交通大学出版社

2017 成 都

图书在版编目（CIP）数据

四川省园区市政道路工程设计、施工及验收规程 /
四川建筑职业技术学院主编. —成都：西南交通大学出
版社，2018.1
（四川省工程建设地方标准）
ISBN 978-7-5643-5918-8

Ⅰ. ①四… Ⅱ. ①四… Ⅲ. ①市政工程 – 道路工程 –
工程设计 – 技术规范 – 四川②市政工程 – 道路工程 – 工程
施工 – 技术规范 – 四川③市政工程 – 道路工程 – 工程验收
– 技术规范 – 四川 Ⅳ. ①U415-65

中国版本图书馆 CIP 数据核字（2017）第 289589 号

四川省工程建设地方标准

四川省园区市政道路工程设计、施工及验收规程

主编单位　四川建筑职业技术学院

责 任 编 辑	姜锡伟
封 面 设 计	原谋书装
出 版 发 行	西南交通大学出版社 （四川省成都市二环路北一段 111 号 西南交通大学创新大厦 21 楼）
发 行 部 电 话	028-87600564　028-87600533
邮 政 编 码	610031
网　　　　址	http://www.xnjdcbs.com
印　　　　刷	成都蜀通印务有限责任公司
成 品 尺 寸	140 mm × 203 mm
印　　　　张	6.375
字　　　　数	163 千
版　　　　次	2018 年 1 月第 1 版
印　　　　次	2018 年 1 月第 1 次
书　　　　号	ISBN 978-7-5643-5918-8
定　　　　价	42.00 元

关于发布工程建设地方标准
《四川省园区市政道路工程设计、施工及
验收规程》的通知

川建标发〔2017〕603 号

各市州及扩权试点县住房城乡建设行政主管部门，各有关单位：

由四川建筑职业技术学院主编的《四川省园区市政道路工程设计、施工及验收规程》已经我厅组织专家审查通过，现批准为四川省推荐性工程建设地方标准，编号为：DBJ51/T 078－2017，自 2017 年 12 月 1 日起在全省实施。

该标准由四川省住房和城乡建设厅负责管理，四川建筑职业技术学院负责技术内容解释。

四川省住房和城乡建设厅
2017 年 8 月 15 日

前　言

本规程是根据四川省住房和城乡建设厅《关于下达四川省工程建设地方标准〈园区市政工程设计、施工工艺和验收规程〉编制计划的通知》（川建标发〔2012〕595号）要求，由四川建筑职业技术学院、中国市政西南设计研究总院、成都市政开发总公司、成都市建设工程质量监督站、德阳四汇建设集团有限公司共同研究编制完成的。

在本规程的编制过程中，编制组认真总结了省内外园区市政建设的成功经验，参考了国内外相关资料，进行了多次讨论、研究和修改。

本规程共14章，主要技术内容包括：总则，术语和符号，基本规定，横断面设计，平面和纵断面设计，道路交叉设计，行人和非机动车交通设计，路基、垫层和基层设计，面层设计，停车场和广场设计，道路照明设计，附属设施与其他工程，园区道路工程施工，园区道路工程验收。

本规程由四川省住房和城乡建设厅负责管理，四川建筑职业技术学院负责具体技术内容的解释。

在实施过程中，请相关单位注意积累经验和资料，若有意见和建议，请函告四川建筑职业技术学院（地址：四川省德阳市嘉陵江西路4号；电话：0838-2651998；邮编：618000；电子邮箱：lihui@scac.edu.cn）。

主 编 单 位： 四川建筑职业技术学院

参 编 单 位： 中国市政西南设计研究总院

成都市市政开发总公司

成都市建设工程质量监督站

四川德阳四汇建设集团有限公司

主要起草人： 李 辉　　谭 伟　　李 季　　蒋毅宇

杨转运　　吴 强　　秦 泰　　张会朋

肖 川　　李永红　　黄建华　　黄仁东

陈 静　　付浩程　　高彦芝　　刘世良

韩志敏　　项 琴　　姜建华　　刘勇彪

主要审查人： 姚令侃　　何茂维　　邓家勋　　王 科

贺智功　　李 争　　张 雷

目 次

1 总 则 ……………………………………………… 1

2 术语和符号 ……………………………………… 2

  2.1 术 语 ……………………………………… 2

  2.2 符 号 ……………………………………… 4

3 基本规定 ………………………………………… 6

  3.1 道路分级 …………………………………… 6

  3.2 设计速度 …………………………………… 6

  3.3 设计车辆 …………………………………… 7

  3.4 道路建筑限界 ……………………………… 8

  3.5 设计年限 …………………………………… 10

  3.6 荷载标准 …………………………………… 11

  3.7 防灾标准 …………………………………… 11

4 横断面设计 ……………………………………… 12

  4.1 一般规定 …………………………………… 12

  4.2 横断面布置 ………………………………… 12

  4.3 横断面组成及宽度 ………………………… 13

  4.4 路拱与横坡 ………………………………… 17

  4.5 路缘石 ……………………………………… 17

5 平面和纵断面设计 ……………………………… 18

  5.1 一般规定 …………………………………… 18

　5.2　平面设计 ……………………………………… 18

　5.3　纵断面设计 …………………………………… 21

　5.4　线形组合设计 ………………………………… 23

6　道路交叉设计 ………………………………………… 24

　6.1　一般规定 ……………………………………… 24

　6.2　平面交叉 ……………………………………… 24

　6.3　立体交叉 ……………………………………… 25

7　行人和非机动车交通设计 …………………………… 27

　7.1　一般规定 ……………………………………… 27

　7.2　行人交通 ……………………………………… 27

　7.3　非机动车交通 ………………………………… 28

8　路基、垫层与基层设计 ……………………………… 30

　8.1　路　基 ………………………………………… 30

　8.2　垫　层 ………………………………………… 34

　8.3　基　层 ………………………………………… 35

9　面层设计 ……………………………………………… 41

　9.1　沥青路面 ……………………………………… 41

　9.2　水泥混凝土路面 ……………………………… 49

　9.3　块料路面 ……………………………………… 51

10　停车场和广场设计 ………………………………… 54

　10.1　设计原则 ……………………………………… 54

　10.2　停车场 ………………………………………… 54

10.3 园区广场 ················· 56

11 道路照明设计 ················· 59

11.1 道路照明标准 ··············· 59

11.2 光源、灯具及其附属装置选择 ······· 59

11.3 照明方式和设计要求 ··········· 60

11.4 照明供电和控制 ············· 64

11.5 节能标准和措施 ············· 67

12 附属设施及其他工程 ············· 68

12.1 交通安全设施 ·············· 68

12.2 交通管理设施 ·············· 69

12.3 绿 化 ················· 69

13 园区道路工程施工 ·············· 71

13.1 一般规定 ················ 71

13.2 施工准备 ················ 72

13.3 测 量 ················· 74

13.4 路 基 ················· 86

13.5 基 层 ················· 100

13.6 沥青面层 ················ 115

13.7 水泥混凝土面层 ············· 138

13.8 铺砌式面层 ··············· 160

13.9 人行道铺筑 ··············· 163

13.10 挡土墙 ················ 166

　　　13.11　附属构筑物 ································· 169

　　　13.12　冬雨期施工 ································· 175

14　园区道路工程验收 ································· 180

　　14.1　一般规定 ······························· 180

　　14.2　园区道路工程质量验收的划分 ········· 180

　　14.3　园区道路工程质量验收 ················· 181

本规程用词说明 ································· 185

引用标准名录 ································· 187

Contents

1　General provisions ··· 1

2　Terms and symbols ·· 2

　2.1　Terms ··· 2

　2.2　Symbols ·· 4

3　Basic requirement··· 6

　3.1　Road classification ·· 6

　3.2　Design speed ··· 6

　3.3　Design vehicle ·· 7

　3.4　Road construction clearance······························ 8

　3.5　Design period ··· 10

　3.6　Load criterion ··· 11

　3.7　Standard for hazard prevention ······················· 11

4　Cross section design ·· 12

　4.1　General requirement ······································· 12

　4.2　Cross-section layout ······································· 12

　4.3　Composition and width of the cross section········· 13

　4.4　Road camber and slope ··································· 17

　4.5　Curb ··· 17

5　Plane and profile design ······································· 18

　5.1　General requirement ······································· 18

5.2   Plane design ·· 18

5.3   Profile design ·· 21

5.4   Linear combination design ····························· 23

6   Road crossing design ·· 24

6.1   General requirement ····································· 24

6.2   Grade crossing··· 24

6.3   Graded separation crossing ··························· 25

7   Pedestrian and non-motorized traffic design ············· 27

7.1   General requirement ····································· 27

7.2   Pedestrian traffic ·· 27

7.3   Non-motorized traffic ··································· 28

8   Subgrade, cushion and base course design ·············· 30

8.1   Subgrade ·· 30

8.2   Cushion ··· 34

8.3   Base course ··· 35

9   Surface course design ··· 41

9.1   Bituminous pavement ··································· 41

9.2   Cement concrete pavement······························ 49

9.3   Block pavement ··· 51

10   Parking lot and plaza design ······························ 54

10.1   Design principle ··· 54

10.2   Parking lot·· 54

10.3   Plaza in the park ·· 56

11   Lighting design design ·· 59

11.1   Road lighting standards design ················· 59

11.2   Light, lamp and its attachments ··············· 59

11.3   Illumination and design requirements ········ 60

11.4   Lighting power and control ······················· 64

11.5   Energy saving standards and measures ······· 67

12   Ancillary facilities and other works·············· 68

12.1   Traffic safety facilities··························· 68

12.2   Traffic management facilities ·················· 69

12.3   Greening·· 69

13   Road engineering construction in the park··········· 71

13.1   General requirement ······························ 71

13.2   Construction preparation ······················· 72

13.3   Survey ·· 74

13.4   Subgrade ·· 86

13.5   Base course ·· 100

13.6   Asphalt pavement ······························· 115

13.7   Cement concrete pavement··················· 138

13.8   Paving surface course ························· 160

13.9   Sidewalk paving ································· 163

13.10   Retaining wall ································· 166

13.11　Ancillary structure ··· 169

13.12　Construction in winter and rainy season ········· 175

14　Acceptance of park road engineering····················· 180

14.1　General requirement ·································· 180

14.2　Zoning of quality acceptance of

park road works ··· 180

14.3　Quality acceptance of park road works ············ 181

Explanation of wording in this code ···························· 185

List of quoted standards ··· 187

1 总　则

1.0.1　为适应我省园区道路建设和发展的需要，规范园区道路工程设计、施工及验收，统一园区道路工程设计主要技术指标，指导园区道路专用标准的编制，制定本规程。

1.0.2　本规程适用于在城市控制规划以下，区位相对独立并具有特定功能的居住区、校园、公园等园区，不包括工业园区及生产园区。

1.0.3　本规程适用于四川省行政区域园区范围内新建和改建的道路设计、施工及验收。

1.0.4　园区道路工程建设的依据是城市总体规划、城市综合交通规划和专项规划，其设计和施工应考虑社会效益、环境效益与经济效益的协调统一，遵循和体现以人为本、资源节约、环境友好的原则，合理采用技术标准。

1.0.5　园区道路设计与施工应与园区性质、规模相匹配，充分考虑园区分期建设的可能性。

1.0.6　园区道路工程的设计、施工及验收除应符合本规程的规定外，尚应符合国家现行有关标准的规定。

2 术语和符号

2.1 术 语

2.1.1 园区主路 main road in park

园区主干路中与非机动车、人行道分隔，双向行驶交通，供机动车快速通过的园区道路。

2.1.2 园区次路 road in park

连接园区主路，与园区主路组成园区干路网，以服务功能为主，兼顾集散交通功能，单向或双向行驶交通。

2.1.3 园区支路 branch in park

连接园区次路，解决局部交通，以服务功能为主，单向行驶交通。

2.1.4 设计速度 design speed

道路几何设计（包括平曲线半径、纵坡、视距等）所采用的行车速度。

2.1.5 设计年限 design life

包括确定路面宽度而采用的远期交通量的年限与为确定路面结构而采用的保证路面结构不需进行大修即可按预定目的使用的设计使用年限两种。

2.1.6 通行能力 traffic capacity

在一定的道路和交通条件下，单位时间内道路上某一路段通过某一断面的最大交通流率。

2

2.1.7 服务水平 level of service

衡量交通流运行条件及驾驶人和乘客所感受的服务质量的一项指标，通常根据交通量、速度、行驶时间、行驶（步行）自由度、交通中断、舒适和方便等指标确定。

2.1.8 彩色沥青混凝土路面 colorful asphalt concrete pavement

脱色沥青与各种颜色石料或树脂类胶结料、色料和添加剂等材料在特定的温度下拌和形成的具有一定强度和路用性能的新型沥青混凝土路面。

2.1.9 降噪路面 reducing noise pavement

具有减低轮胎和路面摩擦产生的噪声功能的路面。

2.1.10 透水路面 previous pavement

能使降水通过空隙率较高、透水性能良好的道路结构层路面。

2.1.11 工程施工质量 constructional quality of engineering

反映园区道、场工程满足相关标准规定或合同约定的要求，包括其在安全、质量、使用功能、耐久性能、环境保护等方面所有明显和隐含能力的特性总和。

2.1.12 工程验收 constructional acceptance

园区道、场工程项目在施工单位自行质量检查评定的基础上，参与建设活动的有关单位共同对分项、分部、单位工程的质量进行抽样复检，根据相关标准以书面形式对工程质量达到合格与否做出确认。

2.1.13 水泥混凝土面层 cement concrete surface course

用水泥混凝土铺筑的道路面层。

2.1.14 沥青面层 bituminous surface course

用沥青作结合料铺筑道路面层的统称。

2.1.15 沥青混合料面层 bituminous mixed surface course

用沥青结合料与不同矿料拌制的特粗粒式、粗粒式、中粒式、细粒式、砂粒式沥青混合料铺筑面层的总称。

2.2 符 号

A——道路石油沥青；

AC——密级配沥青混凝土混合料；

AL(M)——中凝流体石油沥青；

AL(R)——快凝液体石油沥青；

AL(S)——慢凝流体石油沥青；

AM——半开级配沥青稳定碎石混合料；

ATB——密级配沥青稳定碎石混合料；

ATPB——铺筑在沥青层底部的排水式沥青稳定碎石混合料；

BA——拌合型阴离子乳化沥青；

BC——拌合型阳离子乳化沥青；

E——建筑限界顶角宽度；

EVA——乙烯-醋酸乙烯共聚物；

H_c——机动车车行道最小净高；

H_b——非机动车车行道最小净高；

H_p——人行道最小净高；

OGFC——大孔隙开级配排水式沥青磨耗层；

PA——喷洒型阴离子乳化沥青；

PC——喷洒型阳离子乳化沥青；

PE——聚乙烯；

SBR——苯乙烯-丁二烯橡胶（丁苯橡胶）；

SBS——苯乙烯-丁二烯-苯乙烯嵌段共聚物；

S_c——铁路平交道口机动车驾驶员侧向最小瞭望视距；

SMA——沥青玛瑞脂碎石混合料；

S_s——铁路平交道口机动车距路口停止线的距离；

V/C——在理想条件下，最大服务交通量与基本通行能力之比；

W_a——路侧带宽度；

W_b——非机动车道的车行道宽度；

W_c——机动车道或机非混行车道的车行道宽度；

W_{db}——两侧分隔带宽度；

W_{dm}——中间分隔带宽度；

W_f——设施带宽度；

W_g——绿化带宽度；

W_l——侧向净宽；

W_{mb}——非机动车道路缘带宽度；

W_{mc}——机动车道路缘带宽度；

W_p——人行道宽度；

W_{pb}——非机动车道的路面宽度；

W_{pc}——机动车道或机非混行车道的路面宽度；

W_r——红线宽度；

W_{sb}——两侧分车带宽度；

W_{sc}——安全带宽度；

W_{sm}——中间分车带宽度。

3 基本规定

3.1 道路分级

3.1.1 园区按面积或人口规模分为大园区、中园区、小园区三级。按照相应的道路衔接方式和红线规划宽度，可将道路分为园区主路、园区次路和园区支路。

3.1.2 在规划阶段确定道路等级后，当遇特殊情况需变更级别时，应进行技术经济论证，并报规划审批部门批准。

3.1.3 当道路为货运、防洪、消防、旅游等专用道路使用时，除应满足相应道路等级的技术要求外，还应满足专用道路及通行车辆的特殊要求。

3.1.4 道路应做好总体设计，并按下列规定处理好与城市道路以及不同等级道路之间的衔接过渡：

    1 园区主路应连接城市主干路、次干路，应以交通功能为主。

    2 园区次路应与园区主路结合组成园区干路网，应以服务功能为主，兼顾集散交通功能。

    3 园区支路宜与园区次路相连接，应解决局部交通，以服务功能为主。

3.2 设计速度

3.2.1 各级道路的设计速度应符合表 3.2.1 的规定。

表 3.2.1 各级道路的设计速度

道路类别	设计车速（km/h）	机动车道条数（条）	每条机动车道宽度（m）
园区主路	20	2~4	3.5
园区次路	15	2	3.5
园区支路	10	1	3.25

注：1 园区道路支路当只有 1 条机动车道时其宽度随规划道路宽度而定，最小值不应小于 4 m。

2 园区支路横断面均采用单幅式。

3.2.2 在立体交叉范围内，主路设计速度应与路段一致，匝道及集散车道设计速度宜为主路的 0.4 倍~0.7 倍。

3.2.3 平面交叉口内的设计速度宜为路段的 0.5 倍~0.7 倍。

3.3 设计车辆

3.3.1 园区道路的设计车辆选定为小汽车，中型载重汽车为其检验车辆，机动车设计车辆的外廓尺寸应符合表 3.3.1 的规定。

表 3.3.1 机动车设计车辆及其外廓尺寸（m）

车辆类型	总长	总宽	总高	前悬	轴距	后悬
小客车	6	1.8	2.0	0.8	3.8	1.4
大型车	12	2.5	4.0	1.5	6.5	4.0
铰接车	18	2.5	4.0	1.7	5.8+6.7	3.8

注：1 总长：车辆前保险杠至后保险杠的距离。

2 总宽：车厢宽度（不包括后视镜）。

3 总高：车厢顶或装载顶至地面的高度。

4 前悬：车辆前保险杠至前轴轴中线的距离。

5 轴距：双轴车时，为从前轴轴中线到后轴轴中线的距离；铰接车时分别为前轴轴中线至中轴轴中线、中轴轴中线至后轴轴中线的距离。

6 后悬：车辆后保险杠至后轴轴中线的距离。

3.3.2 非机动车设计车辆的外廓尺寸应符合表 3.3.2 的规定。

表 3.3.2　非机动车设计车辆及其外廓尺寸（m）

车辆类型	总长	总宽	总高
自行车	1.93	0.60	2.25
三轮车	3.40	1.25	2.25

注：1　总长：自行车为前轮前缘至后轮后缘的距离，三轮车为前轮前缘至车厢后缘的距离。

　　2　总宽：自行车为车把宽度，三轮车为车厢宽度。

　　3　总高：自行车为骑车人骑在车上时，头顶至地面的高度；三轮车为载物顶至地面的高度。

3.4　道路建筑限界

3.4.1 道路建筑限界应为道路上净高线和道路两侧侧向净宽边线组成的空间界线（图 3.4.1）。顶角抹角宽度（E）不应大于机动车道或非机动车道的侧向净宽（W_1）。

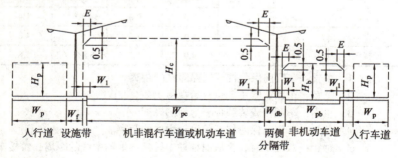

（a）无中间分隔带

8

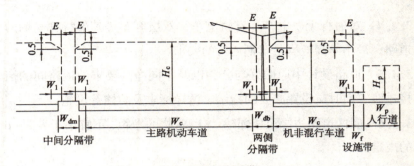

（b）有中间分隔带

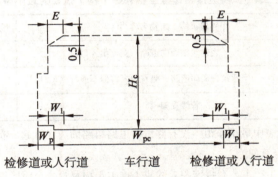

（c）隧道内

图 3.4.1 道路建筑限界

3.4.2 道路建筑限界内不得有任何物体侵入。

3.4.3 道路最小净高应符合表 3.4.3 的规定。

表 3.4.3 道路最小净高

道路种类	行驶车辆类型	最小净高（m）
机动车道	各种机动车	4.5
	小客车	3.5
非机动车道	自行车、三轮车	2.5
人行道	行人	2.5

3.4.4 对通行无轨电车、有轨电车、双层客车等其他特种车辆的道路，最小净高应满足车辆通行的要求。

3.4.5 道路设计中应做好与公路以及不同净高要求的道路间的衔接过渡，同时应设置必要的指示、诱导标志及防撞等设施。

3.4.6 园区道路边缘至相邻建（构）筑物的净距，不宜小于表3.4.6的规定。

表3.4.6 园区道路边缘至相邻建（构）筑物的最小净距

相邻建（构）筑物名称		最小净距（m）
建筑物外墙	当建筑物面向道路一侧无出入口时	1.5
	当建筑物面向道路一侧有出入口但不通行汽车时	3.0
管线支架		1.0

注：1 表中最小净距：没有路肩时道路自路面边缘算起，有路肩道路自路肩边缘算起。

2 生产工艺有特殊要求的建（构）筑物及管线至园区道路边缘的最小净距，应符合现行有关规定的要求。

3 当园区道路与建（构）筑物之间设置边沟、管线等或进行绿化时，应按需要另行确定其净距。

3.5 设计年限

3.5.1 道路交通量达到饱和状态时的道路设计年限，园区主路应为20年，园区次路、园区支路应为15年。

3.5.2 各种类型路面结构的设计使用年限应符合表3.5.2的规定。

表 3.5.2　各类型路面结构的设计使用年限（年）

道路等级	路面结构类型		
	沥青路面	水泥混凝土路面	砌块路面
园区主路	15	30	—
园区次路	12	20	—
园区支路	10	15	—

注：砌块路面采用混凝土预制块时，设计年限为 10 年；采用石材时，为 20 年。

3.6　荷载标准

3.6.1　道路路面结构设计应以双轮组单轴载 100 kN 为标准轴载。对有特殊荷载使用要求的道路，应根据具体车辆确定路面结构计算荷载。

3.6.2　桥涵的设计荷载应符合现行行业标准《城市桥梁设计规范》CJJ 11 的规定。

3.7　防灾标准

3.7.1　道路工程应按国家规定工程所在地区的抗震标准进行设防。

3.7.2　道路应避开泥石流、滑坡、崩塌、地面沉降、塌陷、地震断裂活动带等自然灾害易发区，当不能避开时，必须提出工程和管理措施，保证道路的安全运行。

4 横断面设计

4.1 一般规定

4.1.1 横断面设计应按道路等级、服务功能、交通特性，结合各种控制条件，在规划红线宽度范围内合理布设。

4.1.2 横断面设计应满足远期交通功能需要。分期修建时应近、远期结合，使近期工程成为远期工程的组成部分，并应预留管线位置，控制道路用地，给远期实施留有余地。城市建成区道路不宜分期修建。

4.1.3 改建道路应采取工程措施与道路交通管理相结合的方法布设横断面。

4.2 横断面布置

4.2.1 园区内各级道路的路面宽度应符合表 4.2.1 的规定。

表 4.2.1 园区各级道路路面宽度（m）

园区道路分类	衔接方式	规划红线及路面宽度
园区主路	城市主干路、城市次干路	≥20
园区次路	城市次干路、城市支路、园区主路	10~20
园区支路	城市支路、园区次路	5~10

4.2.2 道路横断面技术指标应满足表 4.2.2 的规定。

表 4.2.2　园区道路横断面主要技术指标

道路类别	机动车道条数（条）	机动车道宽度（m）	每侧人行道宽度（m）	备注
园区主路	≥4	≥14	≥3	需考虑设施宽度
园区次路	2～4	6～14	≥2	
园区支路	1	5	—	

4.2.3　横断面布置形式可采用图 4.2.3 所示的单幅路形式。

图 4.2.3　单幅路

4.2.4　同一条道路宜采用相同形式的横断面。当道路横断面变化时，应设置过渡段。

4.2.5　桥梁与隧道横断面形式、车行道及路缘带宽度应与路段相同。

4.2.6　特大桥、大中桥分隔带宽度可适当缩窄，但应满足设置桥梁防护设施的要求。

4.3　横断面组成及宽度

4.3.1　横断面宜由机动车道、非机动车道、人行道、分车带、设施带、绿化带等组成，特殊断面还可包括应急车道、路肩和排水沟等。

4.3.2 机动车道宽度应符合下列规定：

1 一条机动车道最小宽度应符合表 4.3.2 的规定。

表 4.3.2 一条机动车车道最小宽度

车型及车道类型	设计速度（km/h）
	≤20
大型车或混行车道（m）	3.50
小客车专用车道（m）	3.25

2 机动车道路面宽度应包括车行道宽度及两侧路缘带宽度，单幅路采用双黄线分隔对向交通时，机动车道路面宽度还应包括双黄线的宽度。

4.3.3 非机动车道宽度应符合下列规定：

1 一条非机动车道宽度应符合表 4.3.3 的规定。

表 4.3.3 一条非机动车道宽度

车辆种类	自行车	三轮车
非机动车道宽度（m）	1.0	2.0

2 与机动车道合并设置的非机动车道，车道数单向不应小于 2 条，宽度不应小于 2.5 m。

3 非机动车专用道路面宽度应包括车道宽度及两侧路缘带宽度，单向不宜小于 3.5 m，双向不宜小于 4.5 m。

4.3.4 路侧带可由人行道、绿化带、设施带等组成（图4.3.4），路侧带的设计应符合下列规定：

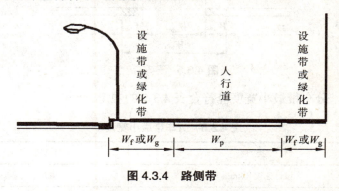

图4.3.4 路侧带

1 沿园区主路设置的人行道宽度，应采用1.5 m；其他的人行道宽度，不宜小于0.75 m。当人行道宽度超过1.5 m时，宜按0.5 m的倍数递增。

2 绿化带的宽度应符合现行行业标准《城市道路绿化规划与设计规范》CJJ 75 的相关要求。

3 设施带宽度应包括设置护栏、照明灯柱、标志牌、信号灯等的要求，各种设施布局应综合考虑。设施带可与绿化带结合设置，但应避免各种设施与树木间的干扰。

4.3.5 分车带的设置应符合下列规定：

1 分车带一般位于车行道两侧，一般也称两侧分车带（简称两侧带），分车带由分隔带及两侧路缘带组成（图4.3.5）。

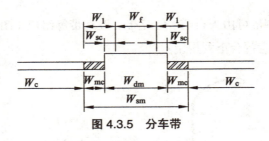

图 4.3.5 分车带

2 分车带最小宽度应符合表 4.3.5 的规定。

表 4.3.5 分车带最小宽度

类别		两侧带
设计速度（km/h）		≤20
路缘带宽度（m）	机动车道	0.25
	非机动车	0.25
安全带宽度 W_{sc}（m）	机动车道	0.25
	非机动车	0.25
侧向净宽 W_1（m）	机动车道	0.50
	非机动车	0.50
分隔带最小宽度（m）		1.50
分车带最小宽度（m）		2.00

注：1 侧向净宽为路缘带宽度与安全带宽度之和。

2 两侧带分隔带宽度为非机动车道时的取值。

3 分隔带最小宽度值系按设施带宽度为 1 m 考虑的，具体应用时，应根据设施带实际宽度确定。

4 分隔带应采用立缘石围砌，需要考虑防撞要求时，应采用相应等级的防撞护栏。

4.3.6 路肩设置应符合下列规定：

1 采用边沟排水的道路应在路面外侧设置保护性路肩,中间设置排水沟的道路应设置左侧保护性路肩。

2 保护性路肩宽度自路缘带外侧算起,不应小于 0.50 m,当有少量行人时,不应小于 1.50 m。当需设置护栏、杆柱、交通标志时,应满足其设置要求。

4.4 路拱与横坡

4.4.1 道路横坡应根据路面宽度、路面类型、纵坡及气候条件确定,宜采用 1.0%~2.0%。降雨量大的地区宜采用 1.5%~2.0%;严寒积雪地区、透水路面宜采用 1.0%~1.5%。保护性路肩横坡度可比路面横坡度加大 1.0%。

4.4.2 单幅路应根据道路宽度采用单向或双向路拱横坡,人行道宜采用单向横坡。

4.5 路缘石

4.5.1 缘石应设置在中间分隔带、两侧分隔带及路侧带两侧,缘石可分为立缘石和平缘石。

4.5.2 立缘石宜设置在两侧分隔带及路侧带两侧。当设置在两侧分隔带时,外露高度宜为 15 cm~20 cm;当设置在路侧带两侧时,外露高度宜为 10 cm~15 cm。

4.5.3 平缘石宜设置在人行道与绿化带之间,以及有无障碍要求的路口或人行横道范围内。

5 平面和纵断面设计

5.1 一般规定

5.1.1 平面和纵断面设计应符合园区路网规划、道路红线、道路功能，并应综合考虑土地利用、文物保护、环境景观、征地拆迁等因素。

5.1.2 平面和纵断面应与地形地物、地质水文、地域气候、地下管线、排水等要求结合，并应符合各级道路的技术指标，应与周围环境相协调，线形应连续与均衡。

5.1.3 园区各级道路应做好路线的线形组合设计，各技术指标应恰当、平面顺适、断面均衡、横断面合理；各结构物的选型与布置应合理、实用、经济。

5.2 平面设计

5.2.1 园区道路平面线形设计指标应符合表 5.2.1 的要求。

表 5.2.1 园区道路平面线形技术指标（m）

类别	同向曲线直线最小长度	反向曲线直线最小长度	极限最小半径	一般最小半径	不设超高最小半径	缓和曲线最小长度
园区主路	12	25	20	40	70	20
园区次路	10	20	15	30	—	—
园区支路	5	10	10	20	—	—

18

5.2.2 园区道路最小圆曲线半径，当行驶单辆汽车时，不宜小于 10 m。

5.2.3 在平坡或下坡的长直线段的尽头处，不得采用小半径的圆曲线。如受场地条件限制需要采用小半径的圆曲线时，应设置限制速度标志等安全设施。

5.2.4 园区道路的平面转弯处，可不设超高，但应设置加宽。

5.2.5 园区道路交叉口路面内边缘转弯半径，不应小于表 5.2.5 的规定。

表 5.2.5 交叉口路面内边缘最小转弯半径

行驶车辆类别	路面内边缘最小转弯半径（m）
载重小于 4 t 单辆汽车	6
载重 4 t~8 t 单辆汽车	9
载重 10 t~15 t 单辆汽车	12

注：1 车间引道及场地条件困难的道路，除陡坡处外，表列路面内边缘最小转弯半径，可减少 3 m。

　　2 行驶表列以外其他车辆时，路面内边缘最小转弯半径，应根据需要确定。

5.2.6 园区道路宜避免设置回头曲线。当受场地条件限制需要采用回头曲线时，可按表 5.2.6 的规定设计。

表 5.2.6 回头曲线主要技术指标

技术指标名称	单位	园区道路等级		
		园区主路	园区次路	园区支路
计算行车速度	km/h	20	15	10
最小主曲线半径	m	20	15	10

技术指标名称	单位	园区道路等级		
		园区主路	园区次路	园区支路
超高横坡	%	6	6	6
缓和曲线或超高、加宽缓和段最小长度	m	25	20	15
停车视距	m	20	15	15
会车视距	m	40	30	30
最大纵坡	%	4.5	5	5.5
双车道路面加宽值	m	3	3	3

注：1 最小主曲线半径栏内数字，应根据有无汽车拖挂运输，分别采用
20 m 或 15 m。

2 会车视距栏内数字，应根据双车道或单车道，分别采用 30 m 或不
考虑。

3 双车道路面加宽值栏内数字，应根据双车道或单车道，分别采用
3 m 或 1.5 m。

5.2.7 视距应符合下列规定：

1 园区道路在平面转弯处和纵断面变坡处的视距，不应小于表
5.2.7 的规定。

表 5.2.7 视 距

视距类别	视距（m）
停车视距	15
会车视距	30
交叉口停车视距	20

注：1 当受场地条件限制、采用会车视距困难时，可采用停车视距，但
必须设置分道行驶的设施或其他设施（如反光镜、限制速度标志、鸣喇叭
标志等）。

2 当受场地条件限制时，交叉口停车视距可采用 15 m。

20

2 当平面转弯处视距不符合规定时，横净距以内的障碍物，除对视线妨碍不大的稀疏树木或单个管线支架、电杆、灯柱等可保留外，应予以清除。

5.3 纵断面设计

5.3.1 园区道路的纵坡，不应大于表 5.3.1-1 的规定。在海拔 3000 m 以上的地区，园区道路最大纵坡值的折减，应按表 5.3.1-2 的规定采用。

表 5.3.1-1 园区内道路最大纵坡

园内道路类别	园区主路	园区次路	园区支路
最大纵坡（%）	6	8	9

注：1 当场地条件困难时，园区主路的最大纵坡可增加 1%，园区次路、园区支路的最大纵坡可增加 2%，但在海拔 2 000 m 以上地区，不得增加。在寒冷冰冻、积雪地区，不应大于 8%。交通运输较繁忙的车间引道的最大纵坡，不宜增加。

2 经常运输易燃、易爆危险品专用道路的最大纵坡，不得大于 6%。

表 5.3.1-2 纵坡折减值

海拔高度（m）	纵坡折减值（%）
3000～4000	1
>4000～5000	2
>5000	3

5.3.2 园区道路的纵坡最小坡长应符合表表 5.3.2 的规定。

表 5.3.2　最小坡长

设计速度（km/h）	20	15	10
最小坡长（m）	60	40	30

5.3.3 园区道路纵坡连续大于 5%时，应在不大于本规程表 5.3.3 所规定的长度处设置缓和坡段。缓和坡段的坡度不应大于 3%，长度不宜小于 50 m。

表 5.3.3　纵坡限制长度

纵坡（%）	限制坡长（m）
5~6	800
6~7	500
7~8	300
8~9	200
9~10	150
10~11	100

5.3.4 当纵断面变坡点处的相邻两个坡度代数差大于 2%时，应设置竖曲线。竖曲线半径不应小于 100 m，竖曲线长度不应小于 20 m。

5.3.5 经常通行大量自行车的园区道路的纵坡，宜小于 2.5%；最大纵坡不应大于 3.5%。当纵坡为 2.5%~3.5%时，限制坡长应符合表 5.3.5 的规定。

表 5.3.5　自行车道纵坡限制坡长

纵坡坡度（%）	2.5	3.0	3.5
限制坡长（m）	300	200	150

5.4　线形组合设计

5.4.1　线形组合应满足行车安全、舒适以及与沿线环境、景观协调的要求，平面、纵断面线形应均衡，路面排水应通畅。

5.4.2　线形组合设计应符合下列要求：

1　应使线形在视觉上能自然地诱导驾驶员的视线，并应保持视觉的连续性。

2　应避免平面、纵断面、横断面极限值的相互组合设计。

3　平、纵面线形应相互对应，技术指标大小均衡、连续，与之相邻路段各技术指标也应均衡、连续。

4　条件受限时选用平面、纵断面的各接近或最大、最小值及其组合时，应考虑前后地形、技术指标运用等对实际运行速度的影响。

5　横坡与纵坡应组合得当，并应利于路面排水和行车安全。

6 道路交叉设计

6.1 一般规定

6.1.1 道路与道路交叉可分为平面交叉和立体交叉。交叉形式应根据道路网规划、相交道路等级及有关技术、经济和环境效益的分析合理确定。

6.1.2 道路交叉口设计应符合下列要求：

1 应保障交通安全，使交叉口车流有序、畅通、舒适，并应兼顾景观。

2 应兼顾所有交通使用者的需求，处理好与其他交通方式的衔接。

3 应合理确定建设规模，分期建设时，应近远期结合。

4 应综合考虑交通组织、几何设计、交通管理方式和交通工程设施等内容。

5 除考虑本交叉口流量、流向以外，还应分析相邻或相关交叉口的影响。

6 改建设计应同时考虑原有交叉口情况，合理确定改建规模。

6.1.3 道路交叉口设计应符合现行行业标准《城市道路交叉口设计规程》CJJ 152 的规定。

6.2 平面交叉

6.2.1 园区道路互相交叉或与各级公路、城市道路（高速公路、

24

快速路除外）交叉，宜采用平面交叉。

6.2.2 平面交叉形式宜划分为加铺转角式交叉、分道转弯式交叉、加宽路口式交叉和环形交叉。各种平面交叉形式，应根据交通量、地形、园区总体规划等情况采用。设计时，可参照现行的有关公路、城市道路的设计规范。

6.2.3 平面交叉，应设置在直线路段，并宜正交。当需要斜交时，交叉角不宜小于45°。当受地形等条件限制时，交叉角可适当减小。

6.2.4 交叉道路上的汽车，在冲突点前相当于交叉口停车视距三角形范围内，应能互相通视。当受地形等条件限制时，交叉口停车视距可采用 15 m，并应设置限制速度标志。

6.2.5 平面交叉，宜设在纵坡不大于2%的平缓路段，其长度从路面两侧向外算起，不应小于 16 m（不包括竖曲线部分长度）。紧接平缓路段的道路纵坡，不宜大于 3%；困难地段，不宜大于 5%。

6.2.6 园区道路平面交叉位置应设计相应的提示标志告知来行车辆，对于车流量较大路段，还应该设置交通信号灯。

6.2.7 园区进、出口部位机动车道总宽度大于 16 m 时，在规划人行过街横道时应设置行人过街安全岛。

6.3 立体交叉

6.3.1 园区道路与城市快速路交叉，宜采用立体交叉。园区道路互相交叉或与其他各级公路、城市道路交叉，当交通运输繁忙或地形条件适宜且经过技术经济比较确为合理时，亦应采用立体交叉。

6.3.2 立体交叉形式宜划分为互通式立体交叉和分离式立体交叉。

6.3.3 各种立体交叉形式，应根据道路性质与等级、地形、园区总体规划等情况采用。设计时，可参照现行的有关公路、城市道路的设计规范。

6.3.4 立体交叉的跨线桥上、下净空，应分别符合该道路建筑限界的规定。

7 行人和非机动车交通设计

7.1 一般规定

7.1.1 行人及非机动车交通系统应安全、连续、舒适，不宜中断或缩减人行道及非机动车道的有效通行宽度。

7.1.2 行人及非机动车交通系统应与园区内部的相关设施紧密结合，构成完整的交通系统。

7.1.3 行人交通系统应设置无障碍设施，并应符合现行国家标准《无障碍设计规范》GB 50763 的规定。

7.2 行人交通

7.2.1 行人交通设施应包括人行道、人行横道、人行天桥和人行地道等过街设施，设施的设置应根据行人流量和流线确定。

7.2.2 人行道的设计应符合本规程第 4.3 节的规定。

7.2.3 人行横道的设置应符合下列规定：

1 交叉口处应设置人行横道,路段内人行横道应布设在人流集中、通视良好的地段,并应设醒目标志。人行横道间距宜为 250 m ~ 300 m。

2 人行横道的宽度应根据过街行人数量及信号控制方案确定,园区主路的人行横道宽度不宜小于 5 m,其他等级道路的人行横道宽度不宜小于 3 m,宜采用 1 m 为单位增减。

3 对视距受限制的路段和急弯陡坡等危险路段以及车行道宽

度渐变路段，不应设置人行横道。

7.2.4 大园区的主路、次路，当人流集中、采用混合交通影响行人安全时，应设置人行道。经常通过行人而无道路的地方，亦应设置人行道。

7.2.5 沿园区主路设置的人行道宽度，应采用 1.5 m；其他的人行道宽度，不宜小于 0.75 m。当人行道宽度超过 1.5 m 时，宜按 0.5 m 的倍数递增。

7.2.6 主路两侧人行道的纵坡，可与主路的纵坡相同。当人行道的纵坡大于 8%时，宜设置粗糙面层或踏步。人行道的危险地段，应设置栏杆。

7.2.7 人行道的横坡，宜采用 1%～2%。

7.2.8 人行道边缘至屋面为无组织排水的建筑物外墙最小净距，可采用 1.5 m；人行道边缘至屋面为有组织排水的建筑物外墙最小净距，应根据具体情况确定。

7.3 非机动车交通

7.3.1 园区道路非机动车可以与机动车混行。

7.3.2 非机动车专用路的设计速度宜采用 10 km/h～15 km/h，并应设置相应的交通安全、排水、照明、绿化等设施。

7.3.3 专供电瓶车行驶的道路主要技术指标，宜按表 7.3.3 的规定采用。电瓶车的车道，宜采用水泥混凝土路面或沥青路面。经常行驶电瓶车园区道路，应按电瓶车道的要求确定纵坡和路面结构。

表 7.3.3　电瓶车道主要技术指标

技术指标名称	单位	指标
计算行车速度	km/h	10
单车道路面宽度	m	2.5
双车道路面宽度	m	3.5
路面内边缘最小转弯半径	m	4
停车视距	m	5
会车视距	m	10
最大纵坡	%	4
竖曲线最小半径	m	100

注：1　当场地条件困难时，路面内边缘最小转弯半径，可减少 1 m。

2　仅行驶叉式电瓶车时，路面内边缘最小转弯半径，应按其主要技术性能确定；

3　除车间引道外,在道路纵坡变更处的相邻两个坡度代数差大于2%时，应设置竖曲线。

8 路基、垫层与基层设计

8.1 路 基

8.1.1 道路路基设计应符合下列要求：

1 路基必须密实、均匀，应具有足够的强度、稳定性、抗变形能力和耐久性，并应结合当地气候、水文和地质条件，采取防护措施。

2 路基工程应节约用地、保护环境，减少对自然、生态环境的影响。

3 路基断面形式应与沿线自然环境和城市环境相协调，不宜深挖、高填，同时应因地制宜，合理利用当地材料和工业废料修筑路基。

4 路基工程应包括排水系统、防排水设施和防护设施的设计。

5 对特殊路基，应查明情况，分析危害，结合当地成功经验，采取相应措施，增强工程可靠性。

8.1.2 路基设计回弹模量和湿度状况应符合下列规定：

1 园区道路路基顶面设计回弹模量值不应小于 20 MPa，当不满足要求时，应采取措施提高回弹模量。

2 路基设计中，应充分考虑道路运行中的各种不利因素，采取措施减小路基回弹模量的变异性，保证其持久性。

3 道路路基应处于干燥或中湿状态；对潮湿或过湿路基，必须采取措施改善其湿度状况或适当提高路基回弹模量。

8.1.3 路基设计高度应符合下列规定：

1 路基高度的设计，应使路肩边缘高出地面积水，并考虑地面水、地下水、毛细水和冰冻作用对路基强度和稳定性的影响。

路基高度的设计，可参照现行的有关公路、城市道路的设计规范。当路基高度不符合规定时，可采取降低水位、设置毛细水隔断层等措施。

园区道路的路基高度，还应与竖向设计相适应。

2 沿河及浸水路段的路基边缘标高，不应低于路基设计洪水频率的水位加壅水高、波浪侵袭高度和 0.5 m 的安全高度。

8.1.4 土质路基压实度应符合表 8.1.4 规定。对以下情形，可通过试验路检验或综合论证，在保证路基强度和稳定性要求的前提下，路基压实度可比表 8.1.4 的规定降低 1%～2%：

1 特殊干旱或特殊潮湿地区。

2 专用非机动车道、人行道。

表 8.1.4 土质路基压实度

填挖类型	路床顶面以下深度（cm）	路基最小压实度（%）		
		园区主路	园区次路	园区支路
填方	0～80	94	93	92
	80～150	92	92	91
	>150	91	90	90
零填或挖方	0～30	94	93	92
	30～80	—	—	—

注：表中数值均为重型击实标准。

8.1.5 填方路基应优选级配较好的砾类土、砂类土等粗粒土作为填料，填料最大粒径应小于 150 mm。当采用细粒土填筑路基时，填料最小强度应符合表 8.1.5 的规定。

表 8.1.5　填方路基填料最小强度

路床顶面以下深度（cm）	填料最小强度（CBR）（%）		
	园区主路	园区次路	园区支路
0~30	6	5	4
30~80	4	3	3
80~150	3	3	3
>150	2	2	2

8.1.6 路基防护应根据道路功能，结合当地气候、水文、地质等情况，采取相应防护措施，并应符合下列要求：

　　1 路基防护应采取工程防护与植物防护相结合的防护措施，并应与园区景观相协调。

　　2 深挖、高填、沿河等路段的路基边坡，必须根据其工程特性进行路基防护设计。对存在稳定性隐患的路基，应进行稳定性分析，当稳定性不满足要求时，必须采取加固措施。

　　3 路基支挡结构设计应满足各种设计荷载组合下支挡结构的稳定、坚固和耐久，结构类型选择及设置位置的确定应安全可靠、经济合理、便于施工和养护，结构材料应符合耐久、耐腐蚀的要求。

8.1.7 路堑边坡坡度，应根据自然条件、土石类别及其结构、边坡高度、施工方法等确定。当地质条件良好且土质均匀时，边坡高度不大于 20 m 时，可按表 8.1.7-1 所列数值范围并结合实践经验采用。对岩质边坡高度不大于 30 m 且无外倾软弱结构面的路堑边坡坡率可按表 8.1.7-2 确定。

表 8.1.7-1 路堑土质边坡坡度

土的类别		边坡坡度
细粒土		1：1.00
中密以上的中砂、粗砂、砾砂		1：1.50
卵石土、碎石土、砾石土	胶结和密实	1：0.75
	中密	1：1.00

注：黄土、红黏土、高液限土、膨胀土等特殊路基挖方边坡形式及坡率按《城市道路路基设计规范》CJJ 194 相关规定执行。

表 8.1.7-2 路堑岩质边坡坡度

边坡岩体类型	风化程度	$H < 15$ m	15 m $\leqslant H < 30$ m
Ⅰ	未风化、弱风化	1：0.1～1：0.3	1：0.1～1：0.3
	弱风化	1：0.1～1：0.3	1：0.3～1：0.5
Ⅱ	未风化、弱风化	1：0.1～1：0.3	1：0.3～1：0.5
	弱风化	1：0.3～1：0.5	1：0.5～1：0.75
Ⅲ	未风化、弱风化	1：0.3～1：0.5	—
	弱风化	1：0.5～1：0.75	
Ⅳ	弱风化	1：0.5～1：1	
	强风化	1：0.75～1：1	

注：1 有可靠的资料和经验时，可不受本表限制。

2 Ⅳ类强风化包括各类风化程度的极软岩。

8.1.8 路堤边坡坡度，应根据自然条件、填料类别、边坡高度、施工方法等确定。当路堤基底情况良好时，可按表 8.1.8 所列数值并结合实践经验采用。

表 8.1.8　路堤边坡坡度

填料类型		边坡坡率	
		上部高度 （$H \leqslant 8$ m）	下部高度 （$H \leqslant 12$ m）
土质填料	细粒土	1∶1.5	1∶1.75
	粗粒土	1∶1.5	1∶1.75
	巨粒土	1∶1.3	1∶1.50
石质填料	软质岩石	1∶1.5	1∶1.75
	中硬岩石	1∶1.3	1∶1.50
	硬质岩石	1∶1.1	1∶1.30

8.2 垫　层

8.2.1 遇有下列情况时，需在基层下设置垫层：

　　1　季节性冰冻地区，路面结构层总厚度小于最小防冻厚度（表 8.2.1）要求时，其差值应以垫层厚度补足。

表 8.2.1　最小防冻厚度

路基干湿类型	路基土质	当地最大冰冻深度（m）			
		0.50 ~ 1.00	1.01 ~ 1.50	1.50 ~ 2.00	> 2.00
中湿路基	低、中、高液限黏土	0.30 ~ 0.50	0.40 ~ 0.60	0.50 ~ 0.70	0.60 ~ 0.95
	粉土，粉质低、中液限黏土	0.40 ~ 0.60	0.50 ~ 0.70	0.60 ~ 0.85	0.70 ~ 1.10
潮湿路基	低、中、高液限黏土	0.40 ~ 0.60	0.50 ~ 0.70	0.60 ~ 0.90	0.75 ~ 1.20
	粉土，粉质低、中液限黏土	0.45 ~ 0.70	0.55 ~ 0.80	0.70 ~ 1.00	0.80 ~ 1.30

2 水文地质条件不良的土质路堑，路床土湿度较大时，宜设置排水垫层。

3 路基可能产生不均匀沉降或不均匀变形时，可加设半刚性垫层。

8.2.2 垫层的宽度应与路基同宽，其最小厚度为 150 mm。

8.2.3 垫层材料可选用粗砂、砂砾、碎石、煤渣、矿渣等粒料以及水泥或石灰煤渣稳定类、石灰粉煤灰稳定类等。各级道路的排水垫层应视下列具体情况，使垫层与边缘排水系统相连接，或铺至路基同宽：

1 防冻垫层应采用透水性好的粒料类材料，通过 0.075 mm 筛孔颗粒含量不宜大于 5%。采用煤渣时，小于 2 mm 的颗粒含量不宜大于 20%。

2 采用碎石和砂砾垫层时，最大粒径应与结构层厚度相协调，一般最大粒径应不超过结构层厚度的 1/2，以保证形成骨架结构，提高结构层的稳定性。

3 为防止路基污染粒料垫层或为隔断地下水的影响，可在路基顶面设土工合成材料的隔离层。

8.3 基 层

8.3.1 基层、底基层应具有足够的强度和稳定性，在冰冻地区应具有一定的抗冻性；半刚性材料基层应具有较小的收缩（温缩及干缩）变形和较强的抗冲刷能力。

8.3.2 半刚性材料基层、底基层可采用骨架密实结构、骨架空隙结构、悬浮密实结构和均匀密实结构这四种结构类型中的一种。

8.3.3 半刚性材料基层适用于下列范围：

1 水泥稳定类材料适用于各级园区道路的基层和底基层，但水泥稳定细粒土不能用作园区主路及次路的基层。

2 石灰稳定土适用于各级园区道路的底基层和园区支路的基层，不得用作园区主路及次路的基层。

3 石灰粉煤灰稳定粒料可用于各级园区道路的基层和底基层，但石灰粉煤灰稳定细粒土不能用作园区主路及支路的基层。

4 园区主路的基层或上基层宜选用骨架密实型的稳定集料。

5 园区次路和支路的基层和各级园区道路的底基层可采用悬浮密实型混合料。

6 骨架空隙结构型混合料具有较高的空隙率，适用于需考虑路面内部排水要求的基层。

8.3.4 柔性基层可用于各级道路，其基层材料可按下列要求选用：

1 沥青稳定碎石宜用于中等交通及其以上的道路基层、底基层。

2 贯入式沥青碎石宜用于中、重交通的道路基层或底基层。

3 热拌沥青碎石、贯入式沥青碎石可用于改建工程的调平层。

4 级配碎石可用于各级道路的基层和底基层，以及沥青面层与半刚性基层之间的过渡层。

5 级配砾石、级配碎砾石以及符合级配、塑性指数等技术要求的天然砂砾，可用作交通量较少道路的基层、底基层。

6 填隙碎石适用于园区道路的基层。

8.3.5 按照空隙率的大小，沥青碎石基层可分为密级配、半开级配和开级配沥青混合料。密级配沥青碎石混合料具有较高的承载能力；半开级配沥青碎石混合料具有承重、减缓反射裂缝和一定的排水能力；开级配沥青碎石混合料适用于排水基层。基层用沥青碎石的公称最大粒径宜等于或大于 26.5 mm。

8.3.6 密级配沥青碎石（ATB）的级配可参照表 8.3.6 的要求，根据试验和使用经验确定集料级配。混合料配合比设计宜按马歇尔试验进行，也可用其他有效方法进行设计。

表 8.3.6　密级配沥青碎石的集料级配范围

级配类型		通过下列筛孔（mm）的质量百分率（%）												
		53	37.5	31.5	26.5	19	16	13.2	9.5	4.75	2.36	1.18	0.6	0.3	0.15	0.075
特粗式	ATB-40	100	90~100	75~92	65~85	49~71	43~63	37~57	30~50	20~40	15~32	10~25	8~18	5~14	3~10	2~6
	ATB-30		100	90~100	70~90	53~72	44~66	39~60	31~51	20~40	15~32	10~25	8~18	5~14	3~10	2~6
粗粒式	ATB-25			100	90~100	60~80	48~68	42~62	32~52	20~40	15~32	10~25	8~18	5~14	3~10	2~6

8.3.7 半开级配沥青碎石（AM）和开级配沥青碎石（ATPB）的公称最大粒径宜用 26.6 mm 或 37.5 mm。半开级配和开级配沥青碎石的结合料宜用黏度较高的沥青，混合料的配合比设计可用马歇尔试验方法，其级配可参照表 8.3.7-1 和表 8.3.7-2 的要求。混合料的技术指标宜符合表 8.3.7-3 的要求。

表 8.3.7-1　半开级配沥青碎石的集料级配范围

级配类型		通过下列筛孔（mm）的质量百分率（%）										
		26.5	19	16	13.2	9.5	4.75	2.36	1.18	0.6	0.3	0.15	0.075
中粒式	AM-20	100	90~100	60~85	50~75	40~65	15~40	5~22	2~16	1~12	0~10	0~8	0~5
	AM-16		100	90~100	60~85	45~68	18~40	6~25	3~18	1~14	0~10	0~8	0~5
细粒式	AM-13			100	90~100	50~80	20~45	8~28	4~20	2~16	0~10	0~8	0~6
	AM-10				100	90~100	35~65	10~35	5~22	2~16	0~12	0~9	0~6

表 8.3.7-2　开级配沥青碎石的集料级配范围

级配类型		通过下列筛孔（mm）的质量百分率（%）														
		53	37.5	31.5	26.5	19	16	13.2	9.5	4.75	2.36	1.18	0.6	0.3	0.15	0.075
特粗式	ATPB-40	100	70~100	65~90	55~85	43~75	32~70	20~65	12~50	0~3	0~3	0~3	0~3	0~3	0~3	0~3
	ATPB-30		100	80~100	70~98	53~85	36~80	26~75	14~60	0~3	0~3	0~3	0~3	0~3	0~3	0~3
粗粒式	ATPB-25			100	80~100	60~100	45~90	30~82	16~70	0~3	0~3	0~3	0~3	0~3	0~3	0~3

表 8.3.7-3　混合料配合比设计技术指标

试验指标	单位	半开级配基层沥青混合料（AM）	开级配沥青碎石（ATPB）
公称最大粒径	mm	等于或大于 26.5	等于或大于 26.5
马歇尔试件尺寸	mm	φ152.4×95.3	φ152.4×95.3
击实次数（双面）	次	112	75
空隙率 VV①	%	12~18	>18
沥青膜厚度	μm	>12	—
谢伦堡沥青析漏试验的结合料损失	%	不大于 0.2	—
肯塔堡飞散试验的混合料损失或浸水飞散试验	%	不大于 20	—

注：① 试件的毛体积密度，按体积法确定。

8.3.8　级配碎石宜用几种粒径不同的碎石和石屑掺配拌制而成，分为骨架密实型与连续型。当采用重型击实标准设计时，基层压实度应大于 98%，CBR 值不应小于 100%；用作底基层时，其压实度应大于96%，CBR 值不应小于80%。

8.3.9 级配砾石或天然砂砾其颗粒级配宜接近圆滑曲线。级配砾石或天然砂砾用作基层时，其压实度不应小于98%，CBR 值不应小于80%；用作底基层时，其压实度不应小于96%，CBR 值对轻交通道路不应小于40%，对中等交通的道路不应小于60%。

8.3.10 填隙碎石可用于底基层。填隙碎石的单层铺筑厚度宜为100 mm ~ 120 mm，最大粒径宜为厚度的0.5 倍 ~ 0.7 倍。用作基层时，最大粒径不应超过60 mm；用作底基层时，最大粒径不应超过80 mm。填隙料可用石屑或最大粒径小于10 mm 的砂砾料或粗砂，填隙碎石的压实度以固体体积率表示。用作底基层时，压实度不应小于83%；用作基层时，不应小于85%。

8.3.11 贫混凝土基层材料配合比设计应根据28 d 龄期的抗弯拉强度试验确定水泥剂量，一般宜为8% ~ 12%。贫混凝土的强度应符合表 8.3.11 的要求，施工质量管理与控制，宜用 7 d 龄期的抗压强度评价。贫混凝土基层集料的最大粒径一般不应超过31.5 mm。

表 8.3.11　贫混凝土基层材料的强度要求

试验项目	强度要求（MPa）
28 d 龄期抗弯拉强度	1.5 ~ 2.5
7 d 龄期抗压强度	8.0 ~ 15.0
28 d 龄期抗压强度	10.0 ~ 20.0

8.3.12 贫混凝土基层中可掺入水泥质量 20% ~ 40%的粉煤灰，以降低收缩裂缝、提高后期强度，利于环境保护和降低造价。掺入粉煤灰的贫混凝土基层，28 d 龄期的抗弯拉强度要求应符合表 8.3.11

的要求。但是施工质量检验采用 14 d 的抗压强度进行评价，14 d 的抗压强度合格值应符合表 8.3.11 中 28 d 抗压强度的 85%。

8.3.13 贫混凝土基层应设置纵、横缝，并灌入填缝料，其上应设置热沥青或改性乳化沥青、改性沥青黏结层等。

9 面层设计

9.1 沥青路面

9.1.1 沥青混凝土路面设计应符合下列规定：

1 沥青混凝土路面的设计应包括面层类型选择与结构层组合设计、各结构层材料组成设计、材料与结构层设计参数确定、结构层厚度计算、路面内部排水设计等。

2 沥青混凝土路面设计应选用多种损坏模式作为临界状态，并应选用多项设计指标进行控制。

3 城市广场、停车场、公交车站、路口或通行特种车辆的路段，沥青路面结构应根据车辆运行要求进行特殊设计。

4 沥青面层应具有坚实、平整、抗滑、耐久的品质，同时，还应具有高温抗车辙、低温抗开裂、抗水损害以及防止雨水渗入基层的功能。

9.1.2 沥青面层材料类型主要有沥青混凝土 AC、沥青玛琋脂 SMA、开级配沥青磨耗层 OGFC、沥青碎石、沥青贯入碎石和沥青表面处治。面层材料类型应与道路等级、使用要求、交通荷载等级相适应，可按照表 9.1.2 选用。

表 9.1.2　沥青面层类型及适用范围

面层类型	适用范围
沥青混凝土、沥青玛琋脂、开级配磨耗层	园区各级道路、停车场、人行道
沥青碎石、沥青贯入式、沥青表面处治	园区次、支路、停车场、人行道

9.1.3 热拌沥青混合料的设计空隙率应符合下列规定:

1 密级配沥青混合料设计空隙率一般宜为 3%~5%,对气候炎热、重车多的道路可为 3%~6%,寒冷地区可为 2%~5%,密级配沥青混合料的现场压实空隙率应小于 8%。

2 半开级配热拌沥青混合料用于园区道路的沥青面层时,设计空隙率宜控制在 10% 以内。当用于改建工程需要较厚的调平层、补强层时设计空隙率不宜超过 15%。

3 开级配(OGFC)用于排水表面层时,设计空隙率宜为 18%~24%。

9.1.4 设计人员应根据使用要求、气候特点、交通条件等因素,结合沥青层厚度和当地实践经验,宜按相关规范选择沥青混合料类型及级配。

9.1.5 沥青混凝土 AC、沥青玛瑞脂 SMA 可用于各级道路的面层,有条件时可采用开级配沥青磨耗层 OGFC。热拌沥青混合料的配合比设计宜采用马歇尔试验法。园区主、次路等用热拌沥青混合料的配合比设计应选择符合要求的原材料,级配应满足公路规范中密级配沥青混凝土 AC 混合料、沥青玛瑞脂 SMA 及开级配沥青磨耗层 OGFC 的级配范围,进行配合比设计、沥青混合料性能试验和设计参数测试,根据试验结果确定沥青混合料的目标配合比。

9.1.6 沥青面层用热拌沥青混合料的技术性能应满足下列要求:

1 交通量较大的园区次路的热拌沥青混合料的动稳定度指标宜符合表 9.1.6-1 的要求。当沥青混合料达不到技术指标的要求时,应采取调整集料级配和沥青用量、提高沥青稠度、使用改性沥青、掺加纤维等技术措施,以提高其高温稳定性。

表 9.1.6–1　沥青混合料的动稳定度指标技术要求

连续七天最高气温平均值	> 30 ℃	20 ℃ ~ 30 ℃	< 20 ℃	备注
BZZ-100 kN 累计标准轴次 N_e（万次/车道）	动稳定度（次/mm）			
< 1.0 × 10⁶	≥1 000	≥800	≥600	试验方法 T 0719
1.0 × 10⁶ ~ 3.0 × 10⁶	≥1 500	≥1 000	≥800	
> 3.0 × 10⁶	≥2 000	≥1 200	≥1 000	

2　密级配热拌沥青混合料的水稳性宜符合表 9.1.6-2 的要求。当沥青混合料水稳定性指标不满足要求时，应按照本规程有关条文的规定采取技术措施，提高水稳性。

表 9.1.6–2　沥青混合料水稳定性指标技术要求

年降雨量（mm）	≥500	< 500	试验方法
冻融劈裂试验劈裂强度比（%）	≥75	≥70	T 0729
浸水马歇尔试验残留稳定度（%）	≥80	≥75	T 0709

3　对寒冷地区的园区道路密级配沥青混凝土的低温抗裂性能，应以低温弯曲试验所得的破坏应变值评价，其破坏应变宜符合表 9.1.6-3 的要求。

表 9.1.6-3　沥青混合料低温弯曲试验破坏应变技术要求

气候条件及技术指标	年极端最低气温（℃）			试验方法
	< − 37.0	− 21.5 ~ − 37.0	− 9.0 ~ − 21.5	
试验极限破坏应变（με）	≥2 600	≥2 300	≥2 000	T 0728

9.1.7 排水表面层应符合下列规定：

1 排水表面层的厚度为 25 mm ~ 50 mm，集料的级配宜符合《公路沥青路面设计规范》JTG D50 的要求。

2 排水表面层下的沥青面层必须采用密实型级配，并应设置防水层及其路面内部排水系统，将雨水排出路基以外。

3 排水表面层宜采用高黏度改性沥青，对防噪路面可用橡胶沥青。

9.1.8 冷拌沥青混合料应使用乳化沥青或液体沥青，混合料的级配宜符合《公路沥青路面设计规范》JTG D50 的要求。混合料配合比设计可根据当地成功的经验或试拌、试铺确定。

9.1.9 沥青贯入式路面应符合下列规定：

1 沥青贯入式面层的厚度一般为 40 mm ~ 80 mm。当沥青贯入式的上部加铺沥青混合料时，拌和层的厚度宜为 20 mm ~ 40 mm，其总厚度为 60 mm ~ 100 mm。贯入的结合料宜用石油沥青或改性乳化沥青。

2 沥青贯入式路面、上拌下贯式路面的材料规格和用量应符合《公路沥青路面设计规范》JTG D50 的要求。拌和层的沥青混合料，一般宜选用密级配热拌沥青混合料，混合料的级配宜符合相关规范要求，沥青混合料的配合比设计宜符合有关规定。

9.1.10 沥青表面处治应符合下列规定：

1 沥青表面处治，可采用热拌热铺或冷拌冷铺法施工，拌和法沥青表处厚度视交通量等情况宜为 20 mm ~ 40 mm。

2 拌和法的沥青混合料应视具体情况选用粗级配或细级配等，其配合比设计宜符合有关规定。采用拌和法施工时，基层顶面应洒透层沥青或粘层沥青或作下封层，使面层与基层之间结合紧密，防止雨雪下渗。

3 层铺法适用于园区次、支路的面层。层铺法表处可分为单层、双层、三层，厚度宜为 10 mm ~ 30 mm。单层表处厚度为 10 mm ~ 15 mm，双层表处厚度为 15 mm ~ 25 mm，三层表处厚度为 25 mm ~ 30 mm。

4 层铺法沥青表面处治，可采用沥青或乳化沥青作为结合料，集料的规格与用量应符合《公路沥青路面设计规范》JTG D50 附录 C 的规定。

9.1.11 稀浆封层宜按下列要求应用：

1 ES-1、ES-2 可用于园区次、支路单层稀浆封层简易表处，以防止尘土飞扬、保护环境。

2 ES-2 型是铺筑一般道路具有中等粗糙度的磨耗层，也可适用于旧路修复罩面。

3 ES-3 型适用于各类园区道路的抗滑表层，用于恢复抗滑性能。

4 对交通量小的园区支路可用单、双层稀浆封层，ES-1 适用于低交通量道路的薄层罩面处理，尤其适宜于寒冷地区低交通量道路使用。交通量较大时，可用双层稀浆封层，下层可用 ES-2，上层用 ES-1，或下层 ES-3，上层 ES-2。

5 稀浆封层的集料的规格和用量应符合表 9.1.11-1 的要求：

表 9.1.11-1 稀浆封层的集料规格与用量范围

筛孔尺寸（mm）	不同类型通过各筛孔的百分率（%）			施工允许波动范围
	普通稀浆封层和改性稀浆封层			
	ES-1 型	ES-2 型	ES-3 型	
9.50	—	100	100	—
4.75	100	90 ~ 100	70 ~ 90	± 5%
2.36	90 ~ 100	65 ~ 90	45 ~ 70	± 5%
1.18	60 ~ 90	45 ~ 70	28 ~ 50	± 5%
0.60	40 ~ 65	30 ~ 50	19 ~ 34	± 5%
0.30	25 ~ 42	18 ~ 30	12 ~ 25	± 4%
0.15	15 ~ 30	10 ~ 21	7 ~ 18	± 3%
0.075	10 ~ 20	5 ~ 15	5 ~ 15	± 2%
一层的适宜厚度（mm）	2.5 ~ 3	4 ~ 6	8 ~ 10	—

6 稀浆封层混合料的技术指标应满足表 9.1.11-2 的要求。

表 9.1.11-2 微表处和稀浆混合料技术指标

试验项目		稀浆封层	
		快开放交通型	慢开放交通型
可拌和时间（25 ℃）min		120	180
黏聚力试验（N·m）	30 min（初凝时间）	≮1.2	—
	60 min（开放交通时间）	≮2.0	—
负荷车轮黏附砂量（g/m²）		≥450	
湿轮磨耗损失（g/m²）	浸水 1 h	≥800	
	浸水 6 d	—	
轮辙变形试验的宽度变化率（%）		—	

注：用于轻交通量道路的罩面和下封层时，可不要求黏附砂量指标。

46

9.1.12 道路石油沥青、改性沥青、液体沥青、乳化沥青和泡沫沥青等沥青路面用沥青材料宜按下列要求选择使用：

1 沥青品种与标号的选择应根据道路等级、气候条件、交通量及其组成、面层结构与层次、施工工艺等因素，并结合当地使用经验确定。

2 道路石油沥青适用于各类道路沥青路面。

3 改性沥青适用于特重交通、重交通，或温差变化较大、气候严酷地区，或铺筑特殊结构层，以及连续长、陡纵坡路段的沥青路面。改性沥青的改性剂应根据改性目的与实践效果，结合加工工艺难易、质量稳定性等因素进行技术经济比较后选定。

4 乳化沥青宜用作透层、粘层、稀浆封层、冷拌沥青混合料与表面处治。改性乳化沥青适用于交通量较大或重要道路的粘层、稀浆封层、桥面铺装的粘层、表面处治、冷拌沥青混合料、微表处等。

5 液体石油沥青宜用作透层、表面处治或冷拌沥青混合料的黏结料，应视其用途、气候条件和施工情况选择类型与标号。

6 泡沫沥青宜作为厂拌冷再生混合料、就地冷再生混合料的结合料。

9.1.13 沥青路面用粗集料应符合下列规定：

1 沥青路面用粗集料应选用碎石，也可选用经轧制的碎砾石，园区次路及以下道路的沥青层可用经筛选的砾石。

2 各级道路沥青表面层所用粗集料的磨光值应符合表 9.1.13的要求。

表 9.1.13　石料磨光值（PSV）的技术要求

年降雨量（mm）	园区主路	园区次路	园区支路
> 1000	> 40	> 38	> 36
500～1000	> 38	> 36	—
250～500	> 36	> 36	—
< 250	> 36	—	—

3　粗集料与沥青应具有良好的黏附性，对年平均降雨量在1000 mm 以上地区的快速路和主干路，表面层所用集料与沥青的黏附性应达到 5 级，其他情况黏附性不宜低于 4 级。当黏附性达不到要求时，应掺入高温稳定性好的抗剥落剂或选用改性沥青提高粗集料与沥青的黏附性。

9.1.14　沥青路面用细集料应符合下列规定：

1　沥青路面用细集料可选用机制砂、天然砂、石屑配制，在SMA 混合料和 OGFC 混合料中不宜使用天然砂。

2　细集料应具有一定棱角性，洁净、干燥、无风化、无杂质。

3　天然砂宜选用中砂、粗砂，天然河砂不宜超过集料总质量的 20%。

9.1.15　矿粉必须采用石灰石等碱性石料磨细的石粉。若需利用拌和机回收的粉尘时，其掺入比例不得大于矿粉总量的 25%，且混合后矿粉的塑性指数不得大于 4，并且只能用拌和机的一级回收粉尘，严禁使用二级回收粉尘。

9.1.16　纤维稳定剂包括木质素纤维、合成纤维、矿物纤维等。应根据混合料类型与使用要求，合理选择纤维稳定剂类型与掺加剂量。

9.2 水泥混凝土路面

9.2.1 水泥混凝土面层应具有足够的强度、耐久性，表面抗滑、耐磨、平整。

9.2.2 面层一般采用设接缝的普通混凝土；面层板的平面尺寸较大或形状不规则，路面结构下埋有地下设施，高填方、软土地基、填挖交界段的路等有可能产生不均匀沉降时，应采用设置接缝的钢筋混凝土面层。其他面层类型可根据适用条件按表 9.2.2 选用。

表 9.2.2　其他面层类型选择

面层类型	适用条件
沥青上面层与横缝设传力杆的普通混凝土下面层组成的复合式路面	园区主路
碾压混凝土面层	园区次、支路、停车场
钢纤维混凝土面层	混凝土加铺层和桥面铺装
矩形或异形混凝土预制块面层	人行道

9.2.3 普通混凝土、钢筋混凝土、碾压混凝土或钢纤维混凝土面层板一般采用矩形。其纵向和横向接缝应垂直相交，纵缝两侧的横缝不得相互错位。

9.2.4 纵向接缝的间距按路面宽度在 3.0 m～4.5 m 内确定。碾压混凝土、钢纤维混凝土面层在全幅摊铺时，可不设纵向缩缝。

9.2.5 横向接缝的间距应按面层类型和厚度选定，并应符合下列规定：

　　1 普通混凝土面层一般为 4 m～6 m，面层板的长宽比不宜超过 1.30，平面尺寸不宜大于 25 m²。

    2 碾压混凝土或钢纤维混凝土面层一般为 6 m ~ 10 m。

    3 钢筋混凝土面层一般为 6 m ~ 15 m。

9.2.6 普通混凝土、钢筋混凝土、碾压混凝土或配筋混凝土面层所需的厚度，可按照表 9.2.6 规定计算确定。

表 9.2.6 水泥混凝土面层厚度的参考范围

交通等级	中 等				轻	
道路等级	园区主路		园区次道路		园区支路	
变异水平等级	高	中	高	中	高	中
面层厚度（mm）	240 ~ 210	230 ~ 200		220 ~ 200	≤200	≤180

9.2.7 钢纤维混凝土面层的厚度按钢纤维掺量确定，钢纤维体积率为 0.6% ~ 1.0% 时，其厚度为普通混凝土面层厚度的 0.65 倍 ~ 0.75 倍。特重或重交通时，其最小厚度为 160 mm；中等或轻交通时，其最小厚度为 140 mm。

9.2.8 复合式路面沥青上面层的厚度一般为 25 mm ~ 80 mm。

9.2.9 除混凝土预制块面层外，各种混凝土面层的计算厚度应满足公路规范的要求。荷载疲劳应力和温度疲劳应力分别按公路规范进行计算。面层设计厚度依计算厚度按 10 mm 向上取整。具有沥青上面层的水泥混凝土板，在临界荷位处的荷载疲劳应力和温度疲劳应力按公路规范计算。

9.2.10 路面表面构造应采用刻槽、压槽、拉槽或拉毛等方法制作。构造深度在使用初期应满足表 9.2.10 的要求。

表 9.2.10 各级道路水泥混凝土面层的表面构造深度（mm）要求

道路等级	园区主路	园区次路、园区支路
一般路段	0.70 ~ 1.10	0.50 ~ 0.90
特殊路段	0.80 ~ 1.20	0.60 ~ 1.00

注：1 特殊路段系指急弯、陡坡、交叉口或集镇附近。

2 年降雨量 600 mm 以下的地区，表列数值可适当降低。

9.2.11 混凝土预制块可采用异形块或矩形块。预制块的长度为 200 mm ~ 250 mm，宽度为 100 mm ~ 125 mm，长宽比通常为 2 : 1。预制块厚度为 100 mm ~ 120 mm。预制块下稳平层的厚度为 30 mm ~ 50 mm。

9.3 块料路面

9.3.1 砌块路面根据材料类型可分为混凝土预制砌块路面和天然石材路面，混凝土预制砌块可分为普通型与联锁型。砌块材料的尺寸与外观应符合下列规定。

表 9.3.1 联锁型混凝土砌块最小厚度

道路类型	最小厚度（mm）
大型停车场	100
园区支路、广场、停车场	80
人行道、步行街	60

9.3.2 砌块材料的力学性能应符合下列规定：

1 石材砌块的饱和极限抗压强度不应小于 120 MPa，饱和抗折强度不应小于 9 MPa。

2 普通型混凝土砌块的强度应符合表 9.3.2-1 的规定。当砌块边长与厚度比小于 5 时应以抗压强度控制，边长与厚度比不小于 5 时应以抗折强度控制。

表 9.3.2-1 普通型混凝土砌块的强度

抗压强度（MPa）	抗折强度（MPa）		道路类型	
	平均最小值	单块最小值	平均最小值	单块最小值
园区支路、广场、停车场	40	35	4.5	3.7
人行道、步行街	30	25	4.0	3.2

3 联锁型混凝土砌块的强度应符合表 9.3.2-2 的规定。

表 9.3.2-2 联锁型混凝土砌块的强度

道路类型	抗压强度（MPa）	
	平均最小值	单块最小值
园区支路、广场、停车场	50	42
人行道、步行街	40	35

9.3.3 结构层与结构组合应符合下列规定：

1 砌块路面结构应包括面层、基层和垫层。

2 基层和垫层材料、厚度和设计应满足本规程相关章节规定。

3 砌块路面面层包括砌块、填缝材料和整平层材料。

4 采用砌块铺装车行道、广场、停车场时宜采用联锁型混凝土砌块，联锁型混凝土砌块可包括四面嵌锁和两面嵌锁的长条形状，最小宽度不应小于 80 mm，最大宽度不应大于 120 mm，长宽比宜为 1.5～2.3。联锁型混凝土砌块最小厚度宜符合表 9.3.3 的规定。

表 9.3.3　石材砌块适用性及最小厚度

道路类型	100 × 100	300 × 300	400 × 400 300 × 500	500 × 500 400 × 600	600 × 600 400 × 800	500 × 1000 600 × 800
园区支路、广场、停车场	80	100	100	140	140	140
人行道、步行街	50	60	60	80	—	—

10 停车场和广场设计

10.1 设计原则

10.1.1 停车场与园区广场的位置与规模应符合相关城市规划的要求。

10.1.2 停车场与园区广场的内部交通组织及竖向设计应与场地周边的交通条件和竖向条件相符合。

10.1.3 按照停放车辆类型，停车场分为机动车停车场与自行车停车场，小型车停车场、大型车停车场，按照运输类型，停车场分为客运车辆停车场和货运车辆停车场。

10.2 停车场

10.2.1 停车场平面设计应有效地利用场地，合理安排停车区及通道，便于车辆进出，满足防火安全要求，并留出布设辅助设施的位置。

10.2.2 机动车停车场的出入口不宜设在主路上，可设在次干路或支路上并远离交叉口；不得设在人行横道、公共交通停靠站及桥隧引道处。出入口的缘石转弯曲线切点距铁路道口的最外侧钢轨外缘应大于或等于 30 m。距人行天桥应大于或等于 50 m。

10.2.3 机动车停车场设计时应以停车场停车高峰时所占比率大的车型为设计车型，或根据使用要求分区分车型设计。如有特殊车型，应根据实际外廓尺寸作为设计依据。

10.2.4 机动车停车场内车位布置可按纵向或横向排列分组安排，每组停车不应超过 50 veh。各组之间无通道时，应留出大于或等于 6 m 的防火通道。

10.2.5 停车场出入口不应少于两个，其净距宜大于 10 m，条件困难或停车容量小于 50 veh 时，可设一个出入口，但其进出通道的宽度宜采用 9 m ~ 10 m。

10.2.6 停车场出入口应有良好的通视条件，见图 10.2.6，并设置交通标志。

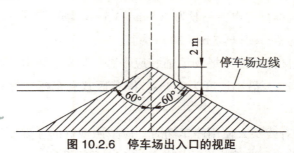

图 10.2.6 停车场出入口的视距

10.2.7 机动车停车场出入口净宽，单向通行的不应小于 5 m，双向通行的不应小于 7 m。

10.2.8 机动车停车场出入口及停车场内应设置交通标志、标线以指明场内通道和停车车位。

10.2.9 停车场的竖向设计应与排水设计结合，平原地区应小于或等于 1%，最小为 0.3%；丘陵和山区应小于或等于 3%。地形困难时，可建成阶梯式。与停车场相连接的道路纵坡度以 0.5% ~ 2% 为宜，困难时最大纵坡度不应大于 7%，积雪及寒冷地区不应大于 6%，出入口处应设置纵坡度小于或等于 2% 的缓坡段。

10.2.10 最小坡度与广场要求相同，与通道平行方向的最大纵坡度为 1%，与通道垂直方向为 3%。

10.2.11 自行车停车场应结合道路、广场和公共建筑布置，划定专门用地，合理安排。

10.2.12 自行车停车场的规模应根据所服务的公共建筑性质、平均高峰日吸引车次总量、平均停放时间、每日场地有效周转次数以及停车不均衡系数等确定。

10.2.13 自行车停车场出入口不应少于两个。出入口宽度应满足两辆车同时推行进出，一般为 2.5 m～3.5 m。场内停车区应分组安排，每组场地长度以 15 m～20 m 为宜。

10.2.14 自行车停车场场地铺装应平整、坚实、防滑，坡度宜小于或等于 4%，最小坡度为 0.3%。停车区宜有车棚、存车支架等设施。

10.2.15 有残疾人使用停车场时，应按照现行的《方便残疾人使用的城市道路和建筑物设计规范》JGJ 50 进行设计。

10.3 园区广场

10.3.1 园区广场按其性质、用途及在道路网中的地位分为公共活动广场、集散广场、交通广场、纪念性广场与商业广场等五类，有些广场兼有多种功能。

10.3.2 广场设计应按照园区总体规划确定的性质、功能和用地范围，结合交通特征、地形、自然环境等进行，并处理好与毗连道路及主要建筑物出入口的衔接，以及和四周建筑物协调，注意广场的艺术风貌。

10.3.3 广场应按人流、车流分离的原则,布置分隔、导流等设施,并采用交通标志与标线指示行车方向、停车场地、步行活动区。

10.3.4 各类广场的功能与设计应符合下列要求:

1 公共活动广场主要供居民文化休息活动。有集会功能时,应按集会的人数计算需要用场地,并对大量人流迅速集散的交通组织以及与其相适应的各类车辆停放场地进行合理布置和设计。

2 集散广场应根据高峰时间人流和车辆的多少、公共建筑物主要出入口的位置,结合地形,合理布置车辆与人群的进出通道、停车场地、步行活动地道等。

3 飞机场、港口码头、地铁车站与长途汽车站等站前广场应与市内公共汽车、电车、地下铁道的站点布置统一规划,组织交通,使人流、客货运车流的通路分开,行人活动区与车辆通行区分开,离站、到站的车流分开,必要时,设人行天桥或人行地道。

4 大型体育馆(场)、展览馆、博物馆、公园及大型影(剧)院门前广场应结合周围道路进出口,采取适当措施引导车辆、行人集散。

5 交通广场包括桥头广场、环形交通广场等,应处理好广场与所衔接道路的交通,合理确定交通组织方式和广场平面布置,减少不同流向人车的相互干扰,必要时设人行天桥或人行地道。

6 纪念性广场应以纪念性建筑物为主体,结合地形布置绿化与供瞻仰、游览活动的铺装场地。为保持环境安静,应另辟停车场地,避免导入车流。

7 商业广场应以人行活动为主,合理布置商业贸易建筑、人流活动区。广场的人流进出口应与周围公共交通站协调,合理解决人流与车流的干扰。

10.3.5 在广场通道与道路衔接的出入口处，应满足行车视距要求。

10.3.6 广场竖向设计应根据平面布置、地形、土方工程、地下管线、广场上主要建筑物标高、周围道路标高与排水要求等进行，并考虑广场整体布置的美观。

10.3.7 广场排水应考虑广场地形的坡向、面积大小、相连接道路的排水设施，采用单向或多向排水。

10.3.8 广场设计坡度，与停车场相同。

11 道路照明设计

11.1 道路照明标准

11.1.1 机动车道照明应按园区主路、园区次路和园区支路分为三级。

11.1.2 人行道照明应按交通流量分为四级。

11.1.3 园区道路照明标准应符合《城市道路照明标准》CJJ 45 中"3 照明标准"的有关规定。

11.2 光源、灯具及其附属装置选择

11.2.1 光源选择应符合下列要求：

1 机动车和行人混合交通道路宜采用高压钠灯或 LED 灯。

2 景观要求高的步行街、居住区人行道路、机动车交通道路两侧人行道宜采用 LED 灯。

3 道路照明不应采用自镇流高压汞灯和白炽灯。

11.2.2 灯具及其附属装置选择应符合下列规定：

1 机动车道照明应采用符合下列规定的功能性灯具：

1）灯具应采用截光型或半截光型。

2）LED 照明灯具的其他性能应符合《LED 城市道路照明应用技术要求》GB/T 31832—2015 及《城市道路照明设计标准》CJJ45—2015 第 4.2.10 的规定。

2 采用高杆照明时，应根据场所的特点，选择具有合适功率和光分布的泛光灯或截光型灯具。

3 采用密闭式道路照明灯具时，光源腔的防护等级不应低于IP54。环境污染严重、维护困难的道路和场所，光源腔的防护等级不应低于 IP65。灯具电器腔的防护等级不应低于 IP43。

4 空气中酸碱等腐蚀性气体含量高的地区或场所宜采用耐腐蚀性能好的灯具。

5 高强度气体放电灯宜配用节能型电感镇流器，功率小的光源可配用电子镇流器。

11.3 照明方式和设计要求

11.3.1 照明方式应符合下列规定：

1 道路照明设计应根据道路和场所的特点及照明要求，选择常规照明方式或高杆照明方式。

2 采用常规照明方式时，应根据道路横断面形式、宽度及照明要求进行选择，并应符合下列规定：

1）灯具的悬挑长度不宜超过安装高度的 1/4，灯具的仰角不宜超过 15°。

2）灯具的布置方式、安装高度和间距可按表 11.3.1 经计算后确定。

表 11.3.1 高压钠灯灯具的配光类型、布置方式与灯具的安装高度、间距的关系

配光类型	截光型		半截光型		非截光型	
布置方式	安装高度 H (m)	间距 S (m)	安装高度 H (m)	间距 S (m)	安装高度 H (m)	间距 S (m)
单侧布置	$H \geqslant W_{eff}$	$S \leqslant 3H$	$H \geqslant 1.2W_{eff}$	$S \leqslant 3.5H$	$H \geqslant 1.4W_{eff}$	$S \leqslant 4H$
双侧交错布置	$H \geqslant 0.7W_{eff}$	$S \leqslant 3H$	$H \geqslant 0.8W_{eff}$	$S \leqslant 3.5H$	$H \geqslant 0.9W_{eff}$	$S \leqslant 4H$
双侧对称布置	$H \geqslant 0.5W_{eff}$	$S \leqslant 3H$	$H \geqslant 0.6W_{eff}$	$S \leqslant 3.5H$	$H \geqslant 0.7W_{eff}$	$S \leqslant 4H$

注：W_{eff}——路面有效宽度（m）。

3 采用高杆照明方式时，灯具及其配置方式，灯杆安装位置、高度、间距以及灯具最大光强的投射方向，应符合下列规定：

1）布置在宽阔道路及大面积场地周边的高杆灯宜采用平面对称配置方式，布置在场地内部或车道布局紧凑的立体交叉的高杆灯宜采用径向对称配置方式，布置在多层大型立体交叉或车道布局分散的立体交叉的高杆灯宜采用非对称配置方式。

2）无论采取何种灯具配置方式，灯杆间距与灯杆高度之比均应根据灯具的光度参数通过计算确定。

3）灯杆严禁设在危险地点或维护时严重妨碍交通的地方。

4）灯具的最大光强投射方向和垂线交角不宜超过 65°。

5）市区设置的高杆灯应在满足照明功能要求前提下做到与环境协调。

11.3.2 道路及与其相连的特殊场所照明设计应满足下列要求：

1 一般道路应采用常规照明方式，并应符合本规程第 11.3.1 条的规定。

2 在行道树多、遮光严重的道路或楼群区难以安装灯杆的狭窄街道，可选择横向悬索布置方式。

3 路面宽阔的快速路和主干路可采用高杆照明方式，并应符合本标准第 11.3.1 条的规定。

11.3.3 平面交叉路口的照明应符合下列规定：

1 平面交叉路口的照明水平应符合本标准第 11.1 节的规定，且交叉路口外 5 m 范围内的平均照度不宜小于交叉路口平均照度的 1/2。

2 交叉路口可采用与相连道路不同色表的光源、不同外形的灯具、不同的安装高度或不同的灯具布置方式。

3 十字交叉路口的灯具可根据道路的具体情况，分别采用单侧布置、交错布置或对称布置等方式。大型交叉路口可另行安装附加灯杆和灯具，并应限制眩光。当有较大的交通岛时，可在岛上设灯，也可采用高杆照明。

4 T形交叉路口应在道路尽端设置灯具。

11.3.4 曲线路段的照明应符合下列要求：

1 半径在 1 000 m 及以上的曲线路段，其照明可按照直线路段处理。

2 半径在 1 000 m 以下的曲线路段，灯具应沿曲线外侧布置，并应减小灯具的间距，间距宜为直线路段灯具间距的 50% ~ 70%，半径越小间距也应越小。悬挑的长度也应相应缩短。在反向曲线路段上，宜固定在一侧设置灯具，产生视线障碍时可在曲线外侧增设附加灯具。

3 当曲线路段的路面较宽需采取双侧布置灯具时，宜采用对称布置。

4 转弯处的灯具严禁安装在直线路段灯具的延长线上。

5 急转弯处安装的灯具应为车辆、路缘石、护栏以及邻近区域提供充足的照明。

11.3.5 在有照明设施且平均亮度高于 $1.0\ cd/m^2$ 的道路（或路段）与无照明设施的道路（或路段）连接处，且行车限速高于 50 km/h 时，应设置过渡照明。

11.3.6 植树道路的照明应符合下列要求：

1 新建道路种植的树木不应影响道路照明。

2 扩建和改建的道路，应与园林管理部门协商，对影响照明效果的树木进行移植。

3 在现有的树木严重影响道路照明的路段可采取下列措施：

1）修剪遮挡光线的枝叶。

2）改变灯具的安装方式，可采用横向悬索布置或延长悬挑长度。

3）减小灯具的间距，或降低安装高度。

11.3.7 人行横道的照明应符合下列规定：

1 平均水平照度不得低于人行横道所在道路的 1.5 倍。

2 人行横道应增设附加灯具。可在人行横道附近设置与所在机动车交通道路相同的常规道路照明灯具，也可在人行横道上方安装定向窄光束灯具，但不应给行人和机动车驾驶员造成眩光。可根据需要在灯具内配置专用的挡光板或控制灯具安装的倾斜角度。

3 可采用与所在道路照明不同类型的光源。

11.3.8 道路两侧设置的非功能性照明应满足下列要求：

1 机动车交通道路两侧的行道树、绿化带、人行天桥、行驶机动车的桥梁、立体交叉等处设置装饰性照明时，应将装饰性照明和功能性照明结合起来设计，装饰性照明必须服从功能性照明的要求。

2 应合理选择装饰性照明的光源、灯具及照明方式。装饰性照明亮度应与路面及环境亮度协调，不应采用多种光色或多种灯光图式频繁变换的动态照明，应防止装饰性照明的光色、图案、阴影、闪烁干扰机动车驾驶员的视觉。

3 设置在灯杆上及道路两侧的广告灯光不得干扰驾驶员的视觉和妨碍对交通信号的辨认。

11.4 照明供电和控制

11.4.1 照明供电应遵循下列规定：

1 交流 10 kV 配电系统宜采用环网供电。系统接线应简单、可靠，并具有一定的灵活性，道路照明宜采用路灯专用变压器供电。

2 对园区中的重要道路、交通枢纽及人流集中的广场等区段的照明应采用双电源供电。每个电源均应能承受 100% 的负荷。

3 正常运行情况下，照明灯具端电压应维持在额定电压的 90% ~ 105%，LED 灯为 85% ~ 105%。

4 系统设置应适应所接用电设施产权、管理权归属不同的管理需求。

5 日照充足地区可采用太阳能供电方式。

11.4.2 道路照明供配电系统的设计应符合下列规定：

1 供电网络设计应符合规划的要求。配电变压器的负荷率不宜大于 70%。宜采用地下电缆线路供电，当采用架空线路时，宜采用架空绝缘配电线路。

2 变压器宜采用户外景观型箱式变电站，变压器宜为干式，变压器应选用接线组别为 Dyn11 的三相配电变压器，并应正确选择变压比和电压分接头。

3 应采取补偿无功功率措施。

4 宜使三相负荷平衡。

5 对交通信号、景观照明灯用电，应分别设置计量装置及专用出线回路。

6 宜预留备用回路。

11.4.3 道路照明供配电系统的保护应符合下列规定：

1 配电系统中性线的截面不应小于相线的导线截面，且应满足不平衡电流及谐波电流的要求。

2 低压照明电缆应敷设在树池中心 0.4 m 范围外，且不宜在 10 kV 及以上的电力电缆沟内穿行。照明电缆在一般道路宜采用穿管埋地敷设，当采用穿管埋地敷设时，每挡电缆间宜设置混凝土固定点。

3 道路照明配电回路应设保护装置，每个灯具应设有单独保护装置。

4 高杆灯或其他安装在高耸构筑物上的照明装置应配置避雷装置，并应符合现行国家标准《建筑物防雷设计规范》GB 50057 的规定。

5 道路照明供电线路的人孔井盖及手孔井盖、照明灯杆的检修门及路灯户外配电箱，均应设置需使用专用工具开启的闭锁防盗装置。

6 道路照明配电系统的接地形式宜采用 TN-S 系统或 TT 系统，金属灯杆及构件、灯具外壳、配电及控制箱屏等的外露可导电部分，应进行保护接地，并应符合国家现行相关标准的要求。

7 配电系统采用 TN-S 时，应满足下列条件：

1） 配电线路的短路或接地故障过电流保护电器采用断路器时，应具有过载长延时保护特性和较低的短路过电流脱扣器整定电流倍数。

2） 灯具线路分支处保护电器宜采用熔断器。灯头处单相短路（或接地故障）电流不应小于该熔断器熔体电流的 4.5 倍，该熔断器应设于灯杆门内。

3）箱变工作接地和保护接地应共用接地体。

4）首端、分支及末端灯杆处，应设置保护接地装置。其接地电阻在断开配电线路 PE 干线时的测量值宜小于 10 Ω。

8 配电系统采用 TT 时，应满足下列条件：

1）灯具线路分支处保护电器宜采用剩余电流动作保护电器，并应具有短路保护功能，该保护电器须考虑可靠防盗措施；

2）接地故障保护电器的动作电流（A），与相应保护接地极的接地电阻（Ω）的乘积，不得大于 50 V。保护接地极电阻宜小于10 Ω。

3）电气装置外露可导电部分的等电位联结体应可靠保护接地，箱变工作接地极与保护接地极应无电气联系。

11. 4. 4 照明控制应符合下列规定：

1 道路照明应根据所在地区的地理位置和季节变化合理确定开关灯时间，并应根据天空亮度变化进行必要修正。宜采用光控和时控相结合的控制方式。

2 道路照明采用集中遥控系统时，运动终端宜具有在通信中断的情况下自动开关路灯的控制功能和手动控制功能，远动终端必须与所在控制区域的既有"三遥"监控系统兼容，当"三遥"监控系统中控室电脑或通信线路发生故障时，运动终端应能根据预设程序而定时自行开/关灯及手动控制。

3 园区主路照明开灯时的天然光照度水平宜为 30 lx，次路和支路宜为 20 lx。

11.5 节能标准和措施

11.5.1 节能标准应符合《城市道路照明设计标准》CJJ 45 中"7 节能标准和措施"中的规定。

11.5.2 进行照明设计时，应提出多种符合照明标准要求的设计方案，进行技术经济综合分析比较，从中选择技术先进、经济合理又节约能源的最佳方案。

11.5.3 应制订维护计划，定期进行灯具清扫、光源更换及其他设施的维护。

12 附属设施及其他工程

12.1 交通安全设施

12.1.1 园区道路交通安全和管理设施等级分为 C、D 两级，各级道路交通安全和管理设施等级与适用范围应符合表 12.1.1 的规定。

表 12.1.1 交通安全和管理设施等级与适用范围

交通安全和管理设施等级	适用范围
C	园区主路、次路
D	园区支路

12.1.2 当交通安全和管理设施等级为 C 级时，应配置较完善的标志、标线、隔离和防护设施，并应符合下列要求：

    1 主路宜连续设置中间分隔设施。

    2 主、次路无分隔设施的路段必须施划路面中心线。

    3 桥梁与高路堤应设置路侧护栏。

    4 平面交叉口应进行交通渠化，并应设置交通信号灯，宜设置行人和机动车、非机动车分隔设施。

12.1.3 当交通安全和管理设施等级为 D 级时，应配置较完善的标志、标线；宜设置分隔和防护设施；平面交叉口宜进行交通渠化，并宜设置行人和机动车、非机动车分隔设施。

12.1.4 其他情况下配置的交通安全设施，应符合下列要求：

    1 在冰、雪、风、沙、坠石、有雾路段等危及运行安全处，应设置警告、禁令标志、视线诱导标柱、反光突起路标等交通安全设施。

2 对窄路、急弯、陡坡、视线不良、临崖、临水等危险路段，应设置视线诱导、警告、禁令标志和安全防护设施。

3 在学校、幼儿园、医院、养老院门前附近的道路过街设施应设置提示标志，并应施划人行横道线，必要时应设置交通信号灯。

4 铁路与道路平面交叉的道口，应设置警示灯、警告和禁令标志以及安全防护设施。对无人值守的铁路道口，应在距道口一定距离设置警告和禁令标志。

5 道路上跨铁路时，应按铁路的要求设置相应防护设施。

6 园区主路两侧的交通噪声超过国家现行标准《城市区域环境噪声标准》GB 3096 的规定时，应有消减噪声措施。

12. 1. 5 道路两侧和隔离带上的绿化、广告牌、管线等不得遮挡路灯、交通信号灯、交通标志。

12.2　交通管理设施

12. 2. 1 当交通安全和管理设施等级为 C 级时，在交通繁杂路段、交叉口应设置交通监视装置和信号控制设施。

12. 2. 2 当交通安全和管理设施等级为 D 级时，可视交通状况设置信号灯等设施。

12.3　绿　化

12. 3. 1 道路绿化设计的范围，一般指道路用地范围内的功能性用地外区域。

12.3.2 绿化设计应包括路侧带、中间分隔带、两侧分隔带、立体交叉、平面交叉、广场、停车场以及道路用地范围内边角空地等处的绿化。绿化应根据城市性质、道路功能、自然条件、城市环境等，合理地进行设计。

12.3.3 道路绿化设计应符合下列规定：

1 道路绿化设计应选择种植位置、种植形式、种植规模，采用适当的树种、草皮、花卉。绿化布置应将乔木、灌木与花卉相结合，层次鲜明。

2 道路绿化应选择能适应当地自然条件和城市复杂环境的地方性树种，应避免不适合植物生长的异地移植。

3 对宽度小于 1.5 m 的分隔带，不宜种植乔木。在园区主路的中间分隔带上，不宜种乔木。

4 中间分车绿带和交通岛绿地不应布置成开放式绿地。

5 被人行横道或道路出入口断开的分车绿带,其端部应满足停车视距要求。

12.3.4 广场绿化应根据广场性质、规模及功能进行设计。结合交通导流设施，可采用封闭式种植。对休憩绿地，可采用开敞式种植，并可相应布置建筑小品、室外家具、健身设施、水池和林荫小路等。

12.3.5 停车场绿化应有利于汽车集散、人车分隔、保证安全、不影响夜间照明，并应改善环境，为车辆遮阳。

12.3.6 绿化设计应符合现行行业标准《城市道路绿化规划与设计规范》CJJ 75 的规定。

13 园区道路工程施工

13.1 一般规定

13.1.1 从事园区道路及广场、停车场等工程的施工单位应具备相应的市政工程施工资质。承担该项目的技术管理人员、作业人员应取得相应的技术职称或岗位资格。

13.1.2 施工单位应建立健全施工技术、质量、安全生产管理体系，制定各项施工管理制度，并贯彻执行。

13.1.3 施工前，施工单位应组织有关施工技术管理人员深入现场调查，了解掌握现场情况，做好充分的施工准备工作。

13.1.4 工程开工前，施工单位应根据合同文件、设计文件和相关技术标准，以及建设单位提供的施工界域内地下管线等建（构）筑物资料、工程水文地质资料等踏勘施工现场，依据工程特点编制施工组织设计，并按其管理程序进行审批。

13.1.5 施工单位应按合同规定的、经过审批的有效设计文件进行施工。

13.1.6 施工前应建立施工测量控制网，施工中对测量作业和内业进行复核，确保准确。

13.1.7 施工中应依据国家现行标准的有关规定，做好量具、器具的检测工作与有关原材料的检验。

13.1.8 施工中必须建立安全技术交底制度，并对作业人员进行相关的安全技术教育与培训。作业前主管施工技术人员必须向作业人员进行详尽的安全技术交底，并形成文件。

13.1.9 遇冬、雨期等特殊气候施工时，应结合工程实际情况，制订专项施工方案，并经审批程序批准后实施。

13.1.10 施工中，上一道工序未经验收合格严禁进行下一道施工。

13.1.11 与道路、广场、停车场等同期施工，敷设于场、道下的新管线等构筑物，应按先深后浅的原则与配合施工。施工中应保护好既有地上杆线、地下管线等建（构）筑物。

13.1.12 道路、广场、停车场范围内的各种检查井井盖座应具有防盗、防沉降、防震响功能。检查井的井盖、井座的荷载等级应与道、场的交通等级匹配。

13.1.13 施工中应按设计文件规定的施工技术标准与质量标准的要求，依照国家现行有关规范的规定，进行施工过程与成品质量控制。

13.1.14 与道路、广场、停车场等同期施工，敷设于道、场下的新建污、雨水管线工程宜与道、场工程合为同一单位工程施工。

13.1.15 道、场工程应划分为单位（子单位）工程、分部（子分部）工程、分项工程和检验批，作为工程施工质量检验和验收的基础。单位工程、分部工程、分项工程和检验批的划分应符合本规程的规定。

13.2 施工准备

13.2.1 建设单位应召集施工、监理、设计等单位有关人员，由设计人员进行设计交底，并形成文件。

13.2.2 建设单位应向施工单位提供施工现场及其毗邻区域内各

种地下管线等建（构）筑物的现况翔实资料和地勘、气象、水文观测资料，并约请相关设施管理单位向施工、监理单位的有关技术管理人员进行详细的交底；研究确定施工区域内地上、地下管线等建（建）筑物的拆移或加固、保护方案，形成文件，并予以实施。

13.2.3 建设单位应组织设计、勘测单位向施工单位移交现场测量控制桩、水准点，并形成文件。施工单位应结合实际情况，制订施工测量方案，建立测量控制网、线、点。

13.2.4 施工单位应根据建设单位提供的资料，组织有关施工技术管理人员对施工现场进行全面详尽、深入的调查；熟悉现场地形、地貌、环境条件；掌握水、电、劳动力、设备等资源供应条件；核对施工范围，核实施工影响范围内的管线、建（构）筑物、河湖、绿化、杆线、文物古迹等情况。

13.2.5 施工单位应组织有关施工技术人员对施工图进行认真审查，发现设计文件和图纸有差错的，应及时提出意见和建议，如需变更则按照程序进行，并形成文件。

13.2.6 施工单位应编制施工组织设计。施工组织设计应根据合同、投标文件、设计文件和有关施工的法规、标准、规范、规程及现场实际条件编制。内容应包括：施工部署、施工方案、保证质量和安全的保障体系与技术措施、必要的专项施工设计以及环境保护、交通疏导等。

13.2.7 应根据施工组织设计确定的质量保证计划，确定工程质量控制的单位工程（子单位工程）、分部工程（子分部工程）、分项工程和检验批，报监理工程师批准后执行，并作为施工质量控制的基础。

13.2.8 应结合工程特点对现场作业人员进行技术安全培训，对特殊工种进行资格培训。

13.2.9 依据政府有关安全生产、文明施工的法规规定，结合工程特点、现场环境条件，安排搭建现场临时生产、生活设施，制定施工管理措施，结合施工部署与进度计划，做好安全生产、文明施工和环境保护工作。

13.2.10 应提前做好施工期间施工车辆的交通组织，完成临时道路的铺设、交通指示标牌的设置。

13.2.11 应完成既有沟渠、地下管线的保护、拆除、迁移。

13.2.12 根据需要做好施工场地安全护栏和警示灯光、照明的设置。

13.3 测 量

13.3.1 施工测量应符合下列一般控制要求：

1 施工测量开始前应完成下列工作：

1）施工单位应学习设计文件和相应的技术标准，根据工程需要编制施工测量方案。

2）对测量仪器、设备、工具等进行符合性检查，确认符合要求。严禁使用未经计量检定合格或超过检定有效期的仪器、设备、工具。

2 施工单位开工前应对施工图规定的基准点、基准线和高程测量控制资料进行内业、外业复核。复核过程中发现不符或与相邻工程矛盾时，应向建设单位提出，进行查询，并取得准确结果。

3 施工单位开工前应在合同规定的期限内向建设单位提交测量复核报告，经监理工程师签认后，方可作为施工控制桩放线测量，建立控制网、线、点的依据。

4 供施工测量用的控制桩，应注意保护，经常校测，保持准确。

5 测量记录应按规定填写，且字迹清楚、规整，严禁擦改，不得转抄，并按编号顺序保存。

6 应建立定期测量复核制度。从事工程测量的作业人员，应经专业培训、考核合格，持证上岗。

7 应做好工程平面控制网与相接道路、桥梁工程控制网的衔接工作。

13.3.2 平面测量应符合下列规定：

1 平面测量应按当地城市统一的坐标系统实施。

2 平面控制网的布设，应因地制宜、确保精度，满足施工实际需要，且方便实用。

3 国家有关标准规定的各种精度的三角点，一级、二级、三级导线点以及相应精度的 GPS 点，根据施工需要均宜作为施工测量的首级控制点。施工图提供的首级控制点（交桩点）点位中误差（相对起算点）不得大于 5 cm。首级控制点应满足施工复核和施工控制需要，首级控制点应为 2 个以上，间距不宜大于 700 mm。控制点宜为控制道路施工图的相交道路交点、中线上点、折点及附近点、控制施工点等。

4 施工测量应做好起点、终点、转折点、道路相交点及其他重要设施的位置、方向的控制及校核。

13.3.3 三角测量应符合下列规定：

1 园区道路工程施工首级控制点（交桩点）、复核的小三角测量的主要技术操纵杆，应符合表 13.3.3-1 的规定。

表 13.3.3-1　三角测量的主要技术指标

控制等级	平均边长（m）	测角中误差（″）	起始边边长相对中误差	最弱边边长相对中误差	测回数		三角形最大闭合差（″）
					DJ$_2$	DJ$_6$	
一级小三角	1000	±5	≤1/40000	≤1/20 000	2	4	±15
二级小三角	500	±10	≤1/20000	≤1/10 000	1	2	±30

2　园区道路工程施工控制网的导线测量、复核的主要技术指标，应符合表 13.3.3-2 的规定。

表 13.3.3-2　施工控制网的导线测量、复核的主要技术指标

控制等级	导线长度（m）	相对闭合差	边长（m）	测距中误差（mm）	测回数 DJ$_6$	方位角闭合差（″）
施工控制	1 000	≤1/4 000	150	±20	1	±40$\sqrt{n}$

注：n 为测站数。

3　三角测量的网（锁）布设应符合下列规定：

1）各等级的首级控制网，宜布设成似等边三角形的网（锁），且其三角形的最大内角不应大于 100°，最小内角不宜小于 30°，个别角受限制可为 25°。

2）加密的控制网，可采用插网、线形锁或插点等形式。各等级的插点宜采用坚强图形布设。插点的内交会方向数不应少于 4 个或外交会方向数不应少于 3 个。

3）一、二级小三角的布设，可采用线形锁。线形锁的布设，宜近于直伸开关。狭窄地区布设线形锁控制时，按传距角计算的图形强度的总和值，应以对数 6 位取值，并不应小于 60。

13.3.4 导线测量应符合下列规定：

1 园区道路工程施工首级控制（交桩点）测量、复核的主要技术指标，应符合表 13.3.4-1 的规定。

表 13.3.4-1　导线测量的主要技术指标

控制等级	导线边长（km）	平均边长（km）	测角中误差(″)	测距中误差（mm）	测距相对中误差	测回数 DJ$_2$	测回数 DJ$_6$	方位角闭合差（″）	相对闭合差
一级	4	0.5	± 5	± 15	≤1/30 000	2	4	± 10 $\sqrt{n}$	≤1/15 000
二级	2.4	0.25	± 8	± 15	≤1/14 000	1	3	± 16 $\sqrt{n}$	≤1/10 000
三级	1.2	0.1	± 12	± 15	≤1/17 000	1	2	± 24 $\sqrt{n}$	≤1/5 000

注：n 为测站数。

2 园区道路工程施工控制网的导线测量、复核的技术指标，应符合表 13.3.4-2 的规定。

表 13.3.4-2　施工控制网的导线测量的技术指标

控制等级	导线长度（m）	相对闭合差	边长（m）	测距中误差（mm）	测回数 DJ$_6$	方位角闭合差（″）
施工控制	1 000	≤1/4 000	150	± 20	1	± 40 $\sqrt{n}$

注：n 为测站数。

3 当导线平均边长较短时，应控制导线的边数，但不应超过表 13.3.4-1 中相应等级导线平均长度和平均长度算得的边数；当导线长度小于表 13.3.4-1 中规定的长度的 1/3 时，导线全长的相对闭合差不应大于规定长度的 13 cm。

4 导线宜布设成直伸形状，相邻边长不宜相差过大。当附合导线长度超过规定时，应布设成结点网形。结点与结点、结点与高级点之间的导线长度，不应大于规定的 70%。

13.3.5 边角测量应符合下列规定：

1 各等级边角组合网的设计应与三角网的规格取得一致，也应重视图形结构，各边边长宜近似相等，各三角形内角宜为 30°～100°，个别角受条件限制时不应小于 25°。

2 园区道路各等级边角组合网中边长测量的主要技术指标应符合表 13.3.5 规定。

表 13.3.5 边长测量的主要技术指标

控制等级	平均边长（m）	测距中误差（mm）	测距相对误差
一级	1 000	±16	≤1/60 000
二级	500	±16	≤1/30 000

3 边角组合网的角度测量的主要技术指标应符合本规程表 13.3.3-1 的有关规定；

4 对于由测边组成的中点多边形、大地四边形或扇形，应根据经各项改正后的边长观测值进行圆周角条件及组合条件的检核。

13.3.6 水平角观测应符合下列规定：

1 水平角观测所用的仪器在使用前，应进行检验确认完好，各项技术性能、指标应符合相关的技术要求。

2 水平角观测应采用方向观测法。当方向数不多于 3 个时，可不归零。方向观测法的技术指标应符合表 13.3.6 的规定。

表 13.3.6 方向观测法的技术指标

控制等级	仪器类型	测回数	光学测微器两次重合读数差（″）	半测回归零差（″）	一测回中 2 倍照准差变动范围（″）	同一方向值各测回较差（″）
一级及以下	DJ₂	2	≤3①	≤12	≤18	≤12
	DJ₆	4	—	≤18	—	≤24

注：①只用于光学经纬仪。

3 水平角观测结束后，应计算三角形闭合差、导线闭合差及测角中误差。

13.3.7 距离测量宜优先采用Ⅰ级或Ⅱ级电磁波测距仪（含全站仪），并应符合下列规定：

1 当采用电磁波测距仪时，应符合下列规定：

1） 当测距长度小于等于 1 km 时，仪器精度应分别为：

Ⅰ级：$|m_D| \leqslant 5$ mm

Ⅱ级：5 mm < $|m_D| \leqslant 10$ mm

Ⅲ级：10 mm < $|m_D| \leqslant 20$ mm

仪器标准精度计算应符合下式要求：

$$m_D = (a + b \cdot D) \tag{13.3.7}$$

式中 m_D——测距中误差（mm）；

a——固定误差（mm）；

b——比例误差系数（mm/km）；

D——测距长度（km）。

2） 测距边宜选在地面覆盖物相同、无强电磁场与强热源地段。仪器架设高度应距地面 1.3 m 以上，应便于观测并避开强电干扰。

　　3）操作仪器时，应符合仪器使用规定。

　　4）测距边的水平距离应按规定进行计算、修正。

　　5）电磁波测距仪测距的主要技术指标，应符合表 13.3.7-1 的规定。

表 13.3.7-1　电磁波测距仪测距的主要技术指标

仪器等级	测回数	测回读数较差（mm）	测回间较差（mm）	往返测回不同时间所测较差（mm）
Ⅰ级	>2	≤5	7	$2(a+b\cdot D)$
Ⅱ级	≥2	≤10	15	$2(a+b\cdot D)$

　　2　当采用普通钢尺测距时，应符合国家现行标准《城市测量规范》CJJ 8 的有关规定。普通钢尺测距的主要技术指标，应符合表 13.3.7-2 的规定。

表 13.3.7-2　电磁波测距仪测距的主要技术指标

控制精度	边长丈量较差的相对误	作业尺数	丈量总次数	尺段高差较差（mm）	估读数值至（mm）	温度读数值至（℃）	读尺次数	同尺各次或同段各尺的较差（mm）
一级	≤1/30 000	2	4	≤50.5	0.5	0.5	2	≤2
二级	≤1/20 000	1～2	2	≤10	0.5	0.5	2	≤2
	≤1/10 000	1～2	2	≤10	0.5	0.5	2	≤3

　　3　施工控制直线丈量测距的允许偏差应符合表 13.3.7-3 的规定。

表 13.3.7-3 直线丈量测距的允许偏差

固定测桩间距离（m）	允许偏差Δ
< 200	≤1/5 000
200 ~ 500	≤1/10 000
> 500	≤1/20 000

13.3.8 内业计算应符合下列要求：

1 计算所用全部外业资料与计算数据，应经两人独立检核，确认无误后方可使用。

2 各级平面控制点的计算，可根据需要采用严密平差法或近似平差法，计算时应采用两人对算或验算方式。

3 使用电子计算机平差计算时，应对所用程序进行确认，对输入数据进行校对、检验。

4 经平差后的坐标值应作为控制的依据，对方位角、夹角和距离应按平差结果反算求得。

13.3.9 高程控制测量应符合下列规定：

1 高程控制应在当地城镇建立的高程系统下进行。当小测区采用独立高程时，应经上级行政主管和规划部门批准。

2 高程控制测量应采用直接水准测量。园区道路工程应按二、三等水准测量方法建立首级高程控制。高程控制测量应起闭于设计施工图给定的城镇水准点。

3 水准测量的主要技术指标，应符合表 13.3.9-1 的规定。

表 13.3.9-1 水准测量的主要技术指标

等级	每千米高差全中误差（mm）	线路长度（km）	水准仪型号	水准尺	观测次数		往返较差、闭合或环线闭合差（mm）
					与已知点联测	附合或环线	
二等	≤2	—	DS$_1$	铟瓦	往返各一次	往返各一次	$\pm 4\sqrt{L}$
三等	≤6	≤50	DS$_1$	铟瓦	往返各一次	往一次	$\pm 12\sqrt{L}$
			DS$_3$	双面		往返各一次	

注：1 节点之间或节点与高级点之间，其线路的长度不得大于表中规定的 0.7 倍；

2 L 为往返测段、附合或环线的水准路线长度（km）。

3 三等水准测量可采用双仪高法单面尺施测，每站观测顺序为后—前—前—后。

4 水准测量所使用的仪器及水准尺，应符合下列规定：

1）水准仪视准轴与水准管轴的夹角，DS$_1$ 不得超过 15″，DS$_3$ 不得超过 20″。

2）水准尺上的米间隔平均真长与名义上之差，对于铟瓦水准尺不得超过 0.15 mm，对于双面水准尺不得超过 0.5 mm。

3）当二等水准测量采用补偿式自动安平水准仪时，其补偿误差（Δ_α）不得超过 0.2″。

4）水准观测应按照操作规程、仪器使用说明书的规定进行。

5 水准观测的主要技术指标，应符合表 13.3.9-2 的规定。

表 13.3.9-2　水准观测的主要技术指标

等级	水准仪型号	视线长度（m）	前后视距较差（m）	前后视距累计差（mm）	视线距地面最低高度（m）	基本分划、辅助分划或黑面、红面的读数较差（mm）	基本分划、辅助分划或黑面、红面的所测高差较差（mm）
二等	DS$_1$	≤50	≤1	≤3	0.5	≤0.5	≤0.7
三等	DS$_1$	≤100	≤3	≤6	0.3	≤1.0	≤1.5
三等	DS$_3$	≤75				≤2.0	≤3.0

注：1　二等水准视线长度小于 20 m 时，其视线高度不应低于 0.3 m。

2　三等水准采用变动仪器高度观测单面水准尺时，所测两次高差较差，应与黑面、红面所测高差之差的要求相同。

6　光电测距三角高程测量可代替四等水准测量。具体测量方法可按国家现行标准《城市测量规范》CJJ 8 的有关规定进行。

7　对高程控制网应进行平差计算，高程控制点的高程应以平差后的结果为准。

13.3.10　施工放线测量应符合下列规定：

1　施工中应根据施工方案布设施工中线与高程控制桩，并根据工序要求布设测桩。

2　测量作业前、后均应采用不同数据采集人核对的方法，分别核对从图纸上所采集的数据、实测数据的计算过程与计算结果，并应据以判定测量成果的有效性。

3　施工布桩、放线测量前应建立平面、高程控制网，依实地情况埋设牢固、通视良好。道路施工放线采用的经纬仪等级不应低于 DJ$_6$ 级。

以三级导线平面控制测量时，方位角闭合差为 $\pm 24\sqrt{n}$（″），以施工平面控制量时，方位角闭合差为 $\pm 40\sqrt{n}$（″），且应报建设单位验收、确认。

4 路基施工前应根据图纸、资料和现场情况，测标出路基施工中可能暴露、触及、损坏的地下管线等构筑物的位置。

5 施工准备阶段核对占地、拆迁范围时，应在现场测设道路施工范围边线。

6 当工程规模较大，测量桩在施工中可能被损坏时，应设辅助平面测量基线与高程控制桩。

7 施工中应及时完成中线桩的恢复与校测。

8 园区道路高程控制应符合下列规定：

1） 高程测量视线长宜控制在 50 m～80 m。

2） 水准测量应采用 DS_3 及以上等级的水准仪施测。

3） 水准测量闭合差为 $\pm\sqrt{L}$ mm（L 为相邻控制点间距，单位为 km）。

9 园区道路控制测量应符合下列规定：

1） 施工控制导线闭合差应符合本规程第 13.3.4 条的有关规定。

2） 采用 DJ_2 级仪器时，角度应至少测一测回，采用 DJ_6 级仪器时，角度应至少测两测回。

3） 距离应采用普通钢尺往返测一测回，用电磁波测距仪可单程测定。

4） 当采用全站仪观测时，应符合本规程第 13.3.7 条和第 13.3.9 条第 3 款的有关规定。采用全站仪测设坐标定点，应使用不同方法进行坐标计算并进行已知点复核，并均应有工作、复核记录，实施测量前应经监理签认。

5）放线测量直线丈量测距的偏差应符合本规程表 13.3.7-3 的规定。

6）施工放样点允许误差 M，相对于相邻控制点，按极坐标法放样，应符合表 13.3.10 的规定。

表 13.3.10　施工放样点的点位允许误差 M（cm）

横向偏位要求	≤1.5	≤2	≤3	其他
点位放样允许误差	1	1.3	2	5
示例	砌筑片石、块石挡土墙	路面、基层中线	路床中线	一般桩位

7）道路中心桩间距宜为 10 m ~ 20 m。

10　平曲线和竖曲线桩应在道路中线桩、连桩的测设中完成，并标出设计高程。当曲线长度小于等于 40 m 时，桩间距宜小于等于 5 m，当曲线长度大于 40 m 时，桩间距宜小于等于 10 m。

11　交叉路口、广场路面高程作业测量应按设计规定的高程方格网、等分圆网等分层测定高程。

12　与路面有关的附属构筑物的外观控制测量应在控制方向按平面、高程控制需要设控制桩。

13　园区道路工程完工后应进行竣工测量。竣工测量包括：中心线位置、高程、横断面图式、附属结构和地下管线的实际位置和高程。测量成果应在竣工图中标明。

14　施工测量的记录级成果均应在正式记录本上填写，并按规定整理测量资料。

15 工程验收的测量依据点应按程序报经建设单位验收确认。

13.4 路 基

13.4.1 路基施工应符合下列要求：

1 施工前，应对道、场中线控制桩、边线桩及高程控制桩等进行复核，确认无误后方可施工。

2 当施工中新建道、场工程路基范围原有排水系统时，应采取迁改、加固等有效处理措施，确保原有排水系统正常运转使用。

3 施工前，应根据现场与周边环境条件、交通状况与当地道路交通管理部门，研究制订交通疏导或导行方案，并实施完毕。施工中影响或阻断既有人行交通时，应在施工前采取措施，保障人行交通畅通、安全。

4 施工前，应根据工程地质勘察报告，依据工程需要按现行国家标准《土工试验方法标准》GB/T 50123 的规定，对路基土进行天然含水量、液限、塑限、标准击实、CBR 试验等，必要时应做颗粒分析、有机质含量、易溶盐含量、冻膨胀和膨胀量等试验。

5 施工前，应根据工程规模、环境条件，修筑临时施工道路。临时施工道路应满足施工机械调运和行车安全要求，且不得妨碍施工。施工场地原有道路的，应制订交通组织设计，以及修筑临时公共交通便道。

6 园区道路施工范围内的新建地下管线、人行地道等地下构筑物宜先行施工。对埋深较浅的既有地下管线，作业中可能受损时，应向建设单位、设计提出加固或挪移措施方案，并办理手续，予以实施。

7 施工前，应查清园区道路施工对既有沟渠的影响，从而制定保护、迁改措施，保障园区施工场地及周边排水顺畅、不会产生内涝。

8 施工中，发现文物、古迹、不明物应立即停止施工，保护好现场，通知建设单位及有关管理部门到场处理。

13.4.2 施工排水与降水应符合下列规定：

1 施工前，应根据工程地质、水文、气象资料、施工工期和现场环境编制排水与降水方案。方案应包括下列主要内容：

1）降排水量计算。

2）降排水方法的选定。

3）排水系统的平面和竖向布置，观测系统的平面布置以及抽水机械的选型和数量。

4）降水井的构造，井点系统的组合与构造，排放管渠的构造、断面和坡度。

5）电渗排水所采用的设施及电极。

6）沿线地下和地上管线、周边构（建）筑物的保护和施工安全措施。

2 设计降水深度在基坑（槽）范围内不应小于基坑（槽）底面以下 0.5 m。

3 降水井的平面布置应符合下列规定：

1）在沟槽两侧应根据计算确定采用单排或双排降水井，在沟槽端部，降水井外延长度应为沟槽宽度的 1 倍~2 倍。

2）在地下水补给方向可加密，在地下水排泄方向可减少。

4 必要时，降水到一定深度应进行现场抽水试验，以验证并完善降排水方案。

5 采取明沟排水施工时，排水井宜布置在沟槽范围以外，其间距不宜大于 150 m。

6 在施工期间排水设施应及时维修、清理，保证排水通畅。施工排水与降水应保证路基土壤天然结构不受扰动，保证附近建（构）筑物的安全。

7 施工排水与降水设施，不得破坏原有地面排水系统，且宜与现况地面排水系统及道路工程永久排水系统相结合。

8 采用明沟排水，排水沟的断面及纵坡应根据地形、地质和排水量确定。当需用排水泵时，应根据施工条件、渗水量、扬程与吸程要求选择。施工排出水，应引向离路基较远的地点。

9 在细砂、粉砂土中降水时，应采取防止流砂的措施。

10 在路堑坡顶部外侧设排水沟时，其横断面和纵向坡度，应经水力计算确定，且底宽与沟深均不宜小于 50 cm。排水沟离路堑顶部边缘应有足够的防渗安全距离或采取防渗措施，并在路堑坡顶部筑成倾向排水沟 2%的横坡。排水沟应采取防冲刷措施。

11 施工降排水终止抽水后，降水井及拔除井点管所留的孔洞，应及时用砂石等填实，地下水静水位以上部分，可采用黏土填实。

13.4.3 土方路基施工应符合下列一般要求：

1 路基施工前，应将现状地面上的积水排除、疏干，清除树根、巨石、构筑物等障碍，并将地面基本整平。

2 路基范围内遇有软土地层或土质不良、连坡易被雨水冲刷的地段，应按相关程序变更设计，并制定专项施工方案。

3 路基施工宜人、机配合土方作业，施工过程中应设专人指挥。机械作业时，配合作业人员严禁处在机械作业和走行范围内。配合人员在机械走行范围内作业时，机械必须停止作业。

4 位于路基范围内的管线应与路基同槽施工，并按由下往上原则分别完成作业。

5 路基填、挖接近完成时，应恢复道路中线、路基边线，进行整形，并碾压成活。压实度应符合本规程表 8.1.4 的有关规定。

6 路基完成后，应采取措施保护路基表面平整、清洁、无明水。

13.4.4 挖方施工应符合下列规定：

1 路堑、边坡开挖方法应根据地势、环境状况、路堑尺寸及土壤种类确定。

2 路基开挖外侧宽度，宜为新建道、场路面结构宽度加夯实机具的工作宽度。

3 挖土时应自上向下分层开挖，严禁掏洞开挖。作业中断或作业后，开挖面应做成稳定边坡。

4 机械开挖作业时，必须避开建（构）筑物、管线，在距管道边 1 m 范围内应采用人工开挖，在距直埋缆线 2 m 范围内必须采用人工开挖，且宜在管理单位监护下进行。

5 严禁挖掘机等机械在电力架空线路下作业，需在其一侧作业时，垂直及水平安全距离应符合表 13.4.4 的规定。雷雨、大风等灾害性天气严禁在电力架空线下作业。

表 13.4.4 挖掘机、起重机（含吊物、载物）等机械与电力架空线路的最小距离

电力架空线路电压（kV）		< 1	1 ~ 15	20 ~ 40	60 ~ 110	220
最小距离（m）	垂直方向	1.5	3.0	4.0	5.0	6.0
	水平方向	1.0	1.5	2.0	4.0	6.0

6 土方分层开挖的每层深度，人工开挖宜为 1.5 m ~ 2 m，机械开挖宜为 3 m ~ 4 m。

7 机械开挖至基底标高以上 200 mm 时，应改为人工检底，其高程为设计基底高程加经试验确定后的下沉量。

8 弃土、暂存土均不得妨碍各类地下管线等构筑物的正常使用与维护，且避开建筑物、围墙、架空线等。严禁占压、损坏、掩埋各种检查井、消火栓等设施。

13.4.5 填方施工应符合下列规定：

1 填方前应将原地面积水、生活垃圾等清除干净。

2 填方材料的强度（CBR）值应符合设计要求，其最小强度应符合表 13.4.5-1 的规定。不得使用淤泥、沼泽土、泥炭土、有机土以及含生活垃圾的土做路基填料。对液限大于 50、塑性指数大于 26、可溶盐含量大于 5%、700 ℃ 有机质烧失量大于 8% 的土，未经技术处理不得作路基填料。

3 路基填方高度应按设计标高增加预沉量值。预沉量应根据工程性质、填方高度、填料种类、松铺系数和地基情况与建设单位、设计单位共同商定确认。

4 不同性质的土应分类、分层填筑，不得混填，填土中大于 10 cm 的土块应打碎或剔除。

5 填土应分层进行。下层填土验收合格后，方可进行上层填筑。路基填土宽度每侧应比设计规定宽 50 cm。

表 13.4.5-1　路基填料的最小强度

填挖类型	路床顶面以下深度（cm）	最小强度（CBR%）		
		园区主路	园区次路	园区支路
填方	0～30	6	5	4
	30～80	4	3	3
	80～150	3	3	3
	>150	2	2	2
零填或挖方	0～30	6	5	4
	30～80	4	3	3

6 路基填筑中宜做成双向横坡，一般土质填筑横坡宜为 2%～3%，透水性小的土类填筑横坡宜为 4%。

7 透水性较大的土壤边坡不宜被透水性较小的土壤所覆盖。

8 受潮湿及冻融影响较小的土壤应填在路基的上部。

9 在路基宽度内，每层虚铺厚度应视压实机具的功能确定，人工夯实应小于 20 cm。

10 路基填土中断时，应对已填路基表面土层压实并进行维护。

11 原地面横向坡度在 1∶10～1∶5 时，应先翻松表土再进行填土。原地面横向坡度陡于 1∶5 时应做成台阶形，每级台阶宽度不得小于 1 m，台阶顶面应向内倾斜。在砂土地段可不作台阶，但应翻松表层土。

12 压实应符合下列规定：

1） 路基压实度应符合表 13.4.5-2 的规定。

表 13.4.5-2　路基压实度标准

填挖类型	路床顶面以下深度（cm）	道、场类别	压实度（%）（重型击实）	检验频率		检验方法
				范围	点数	
挖方	0~30	车道、广场	93			细粒土用环刀法，粗粒土用灌水法或灌砂法
		人行步道	90			
填方	0~80	车道、广场	93	1 000 m²	每层1组（3点）	
		人行步道	90			
	>80~150	车道、广场	90			
		人行步道	90			
	>150	车道、广场	90			
		人行步道	87			

2） 压实应先轻后重、先慢后快、先静后振、均匀一致。碾压时直线段由两边向中间，小半径曲线段由内侧向外侧，纵向进退式进行，压路机最大速度不宜超过 4 km/h。

3） 填土的压实遍数，应按压实度要求，经现场试验确定。

4） 压实过程中应采取措施保护地下管线、构筑物安全。

5） 碾压应自路基边缘向中央进行，压路机轮外缘距路基边应保持安全距离，压实度应达到要求，且表面应无显著轮迹、翻浆、起皮、波浪等现象。

6）压实应在土壤最佳含水量值的±2%范围内进行。

13 旧路加宽时，填土宜选用与原路基土壤相同的土壤或透水性较好的土壤。

14 采用机械为主、人工为辅方式开挖冻土，挖到设计标高立即碾压成型。如当日达不到设计标高，下班前应将操作面刨松或覆盖，防止冻结。

13.4.6 石方路基施工应符合下列规定：

1 施工前应根据地质条件，综合考虑施工内容、工程量大小、施工进度要求以及施工条件，选定施工机具设备。

2 开挖路堑发现岩性有突变时，应及时报请设计单位办理变更设计。

3 采用爆破法施工石方必须符合现行国家标准《爆破安全规程》GB 6722的有关规定，并应符合下列要求：

1）施工前，应由具有相应爆破设计资质的单位进行爆破设计，编制爆破设计书或说明书，制订专项施工方案，规定相应的安全技术措施，经当地政府主管部门批准。

2）爆破施工必须由取得爆破专业技术资质的企业承担，爆破工应经技术培训持证上岗。现场必须设专人指挥。

3）在园区内应使用静音爆破，严禁使用扬弃爆破。

4）爆破工程应在批准的时间段内进行爆破，在起爆前必须完成对爆破影响区内的房屋、构筑物和设备的安全防护、交通管制与疏导，安全警戒且施爆区内人、畜等已撤至安全地带，指挥与操作系统人员就位。

5）起爆前爆破人员已确认装药与导爆、起爆系统安装正确有效。

    4 石方填筑路基应符合下列规定：

    1）修筑填石路堤应进行地表清理，先码砌边部，然后逐层水平填筑石料，确保边坡稳定。

    2）施工前应先通过修筑试验段，确定能达到最大压实干密度的松铺厚度与压实机械组合，及相应的压实遍数、沉降差等施工参数。

    3）填石路堤宜选用 12 t 以上的振动压路机、25 t 以上的轮胎压路机或 2.5 t 以上的夯锤压（夯）实。

    4）路基范围内管线、构筑物四周的沟槽宜回填土料。

13.4.7 路肩施工应符合下列要求：

    1 路肩应与路基、基层、面层等各层同步施工。

    2 路肩应平整、坚实，直线段肩线直顺，曲线段顺畅。

13.4.8 构筑物处理应符合下列要求：

    1 路基范围内有既有地下管线等构筑物时，施工应符合下列要求：

    1）施工前，应根据管线等构筑物顶部与路床的高差，结合构筑物结构状况，分析、评估其受施工影响程度，采取相应的保护措施。

    2）构筑物拆改或加固保护处理措施完成后，应进行隐蔽验收，确认符合要求、形成文件后，方可进行下一工序施工。

    3）施工中，应保持构筑物的临时加固设施处于有效工作状态。

4）对构筑物的永久性加固，应在达到规定强度后，方可承受施工荷载。

2 新建管线等构筑物间或新建管线与既有管线、构筑物间有矛盾时，应报请建设单位，由管线管理部门、设计单位确定处理措施，并形成文件，据以施工。

13.4.9 路基沟槽回填土施工应符合下列规定：

1 回填土应保证管道（涵洞）、地下建（构）筑物结构安全和外部防水层及保护层不受破坏。

2 预制管道（涵洞）的现浇混凝土基础强度及预制件装配接缝的水泥砂浆强度达 5 MPa 后，方可进行回填。砌体涵洞应在砌体砂浆强度达到 5 MPa，且预制盖板安装后进行回填；现浇钢筋混凝土涵洞，其胸腔回填土宜在混凝土强度达到设计强度 70%后进行，顶板以上填土应在达到设计强度后进行。

3 管道（涵洞）两侧应同时回填，两侧填土高差不得大于 30 cm。

4 对有防水层的涵洞靠防水层部位应回填细粒土，填土中不得含有碎石、碎砖及大于 10 cm 的硬块。

5 位于路基范围内的管道（涵洞），其顶部及两侧回填土应符合下列规定：

1）管（涵洞）顶以上 50 cm 范围内不得用压路机压实。

2）管道（涵洞）胸腔回填土的压实度不得小于 93%。

3）管（涵洞）顶以上 25 cm 内填土压实度不得小于 85%；25 cm～50 cm 范围内的压实度不得小于 87%。

4）当管（涵洞）顶至路床覆土厚度大于或等于 80 cm 时，

管顶以上 50 cm～80 cm 内填土的压实度，不得小于 90%。

5）当管（涵洞）顶以上覆土厚度小于 80 cm 时，应对回填材料进行改性，或对管道进行加固。

6）管内径大于 800 mm 的柔性管道，回填施工中应在管内设竖向支撑，中小管道应采取防止管道移动的措施。

13.4.10 特殊土路基的加固处理施工前应做好下列准备工作：

1 进行详细的现场调查，依据工程地质勘察报告核查特殊土的分布范围、埋置深度和地表水、地下水状况，根据设计文件、水文地质资料编制专项施工方案。

2 做好路基施工范围的地面、地下排水设施，并保证排水通畅。

3 进行土工试验，提供施工技术参数。

4 选择适宜的季节进行路基加固处理施工，并宜符合下列要求：

1）湖、塘、沼泽等地的软土路基宜在枯水期施工。

2）膨胀路基宜在少雨季节施工。

13.4.11 软土路基施工应符合下列规定：

1 软土路基施工应按设计要求进行。

2 软土路基采取置换土施工应符合下列规定：

1）填筑前，应排除地表水，清除腐殖土、淤泥。

2）填料宜采用透水性土。处于常水位以下部分的填土，不得使用非透水性土壤。

3）填土应由路中心向两侧按要求分层填筑并压实，层厚宜为 15 cm。

4）分段填筑时，接茬应按分层做成台阶形状，台阶宽不宜小于 2 m。

3 当软土层厚度小于 3.0 m，且为含水量极高的淤泥时，可使用抛石挤淤，并应符合下列规定：

1）应使用不易风化石料，石料中尺寸小于 30 cm 粒径含量不得超过 20%。

2）抛填方向应根据道路横断面下卧软土地层坡度而定。坡度平坦时自地基中部渐次向两侧扩展，坡度陡于 1：10 时，自高侧向低侧抛填，并在低侧边部多抛投，使低侧边部约有 2 m 宽的平台顶面。

3）抛石露出水面或软土面后，应用较小石块填平、碾平密实，再铺设反滤层填土压实。

4 采用砂垫层转换时，砂垫层应宽出路基边脚 0.5 m～1.0 m，两侧以片石护砌。

5 采用土工材料处理软土路基应符合下列规定：

1）土工材料应由耐高温、耐腐蚀、抗老化、不易断裂的聚合物材料制成。其抗拉强度、顶破强度、负荷延伸率等均应符合设计及有关产品质量标准的要求。

2）土工材料铺设前，应对基面压实整平。宜在原地基上铺设一层 30 cm～50 cm 厚的砂垫层。铺设土工材料后，运、铺料等施工机具不得在其上直接行走。

3）每压实层的压实度、平整度经检验合格后，方可于其上设铺土工材料。土工材料应完好，发生破损应及时修补或更换。

4）铺设土工材料时，应将其沿垂直于路轴线展开，并视填土层厚度选用符合要求的锚固钉固定、拉直，不得出现扭曲、褶皱等现象。土工材料纵向搭接宽度不得小于 30 cm，采用锚接其搭接宽度不得小于 15 cm，采用胶结其胶装宽度不得小于 5 cm，胶结强度不得低于土工材料的抗拉强度。相邻土工材料横向搭接宽度不得小于 30 cm。

　　5）路基边坡留置的回卷土工材料，其长度不得小于 2 m。

　　6）土工材料铺设完后，应立即铺筑上层填料，其间隔时间不得超过 48 h。

　　7）双层土工材料上、下层接缝应错开，错缝距离不得小于 50 cm。

　6　采用袋装砂井排水应符合下列规定：

　　1）宜采用含泥量小于 3% 的粗砂或中砂做填料，砂袋的渗透系数应大于所用砂的渗透系数。

　　2）砂袋存放使用中不得长期曝晒。

　　3）砂袋安装应垂直入井，不得扭曲、缩颈、断割或磨损，砂袋在孔口外的长度应能顺直伸入砂垫层不小于 30 cm。

　　4）袋装砂井的井距、井深、井径等应符合设计要求。

　7　采用砂桩处理软土地基应符合下列规定：

　　1）砂宜采用含泥量小于 3% 的粗砂或中砂。

　　2）应根据成桩方法选定填砂的含水量。

　　3）砂桩应砂体联结、密实。

　　4）桩长、桩距、桩径、填砂量应符合设计规定。

　8　采用碎石桩处理软土地基应符合下列规定：

　　1）宜选用含泥砂量小于 10%、粒径 19 mm～63 mm 的碎石或砾石作桩料。

　　2）应进行成桩试验，确定控制水压、电流和振冲器的振留

3）应分层加入碎石（砾石）料，观察振实挤密效果，防止断桩、缩颈。

　　4）桩距、桩长、灌石量等应符合设计规定。

　9　采用粉喷桩加固土桩处理软土地基应符合下列规定：

　　1）石灰应采用磨细 I 级钙质石灰（最大粒径小于 2.36 mm、氧化钙含量大于 80%），宜选用 SiO_2 和 Al_2O_3 含量大于 70%，烧失量小于 10%的粉煤灰、普通或矿渣硅酸盐水泥。

　　2）工艺性成桩试验桩数不宜少于 5 根，获得钻进、拉斗、搅拌、喷气压力与单位时间喷入量等参数。

　　3）桩距、桩长、桩径、承载力等应符合设计规定。

　10　施工中，施工单位应按设计与施工要求记录各项控制观测数值，并与设计单位、监理单位及时沟通反馈有关工程信息指导施工。路堤完工后，应观测沉降值与位移至符合设计规定并稳定后，方可进行后续施工。

13.4.12　膨胀土路基施工应符合下列规定：

　1　施工应避开雨期，且保持良好的路基排水条件。

　2　应采取分段施工。各道工序应紧密衔接，连续施工，逐段完成。

　3　路堑开挖应符合下列规定：

　　1）边坡应预留 30 cm ~ 50 cm 厚土层，路堑挖完后应立即按设计要求进行削坡与封闭边坡。

　　2）路床应比设计标高超挖 30 cm，并应采用粒料或非膨胀土等换填、压实。

4 路基填方应符合下列规定：

1）施工前应按规定作试验段。

2）路床顶面 30 cm 范围内应换填非膨胀土或经改性处理的膨胀土。当填方路基填土高度小于 1 m 时，应对原地表 30 cm 内的膨胀土挖除，进行换填。

3）强膨胀土不得做路基填料。中等膨胀土应经改性处理方可使用，但膨胀总率不得超过 0.7%。

4）施工中应根据膨胀土自由膨胀率，选用适宜的碾压机具，碾压时应保持最佳含水量，压实土层松铺厚度不得大于 30 cm，土粒径块不得大于 5 cm，且粒径大于 2.5 cm 的土块量应小于 40%。

5 在路堤与路堑交界地段，应采用台阶方式搭接，每阶长度不得小于 2 m，并碾压密实。压实度标准应符合本规程表 8.1.4 的规定。

6 路基完成施工后应及时进行基层施工。

13.5 基 层

13.5.1 基层应符合下列要求：

1 基层材料摊铺前应复查路基高程、平整度及干燥情况是否符合要求，并检测路基弯沉是否满足要求。

2 高填土路基与软土路基，应在沉降值符合设计规定且沉降稳定后，方可施工道路基层。

3 稳定土类道路路基材料配合比中，石灰、水泥等稳定剂计量应以稳定剂质量占全部土（粒料）的干质量百分率表示。

4 基层材料的摊铺宽度应为设计宽度两侧加施工机具的工作宽度。

5 基层施工中严禁用贴薄层方法整平修补表面。

13.5.2 石灰稳定土类基层拌和用原材料应符合下列规定：

1 土应符合下列规定：

1）宜采用塑性指数 10~15 的亚黏土、黏土，塑性指数大于 4 的砂性土亦可使用。

2）土中的有机物含量宜小于 10%。

2 石灰应符合下列规定：

1）宜用 1~3 级的新灰，石灰的技术指标应符合表 13.5.2 的规定。

表 13.5.2 石灰技术指标

项目		钙质生石灰			镁质生石灰			钙质消石灰			镁质消石灰		
		等 级											
		Ⅰ	Ⅱ	Ⅲ	Ⅰ	Ⅱ	Ⅲ	Ⅰ	Ⅱ	Ⅲ	Ⅰ	Ⅱ	Ⅲ
有效钙加氧化镁含量（%）		≥85	≥80	≥70	≥80	≥75	≥65	≥65	≥60	≥55	≥60	≥55	≥50
未消化残渣含 5 mm 孔筛的筛余（%）		≤7	≤11	≤17	≤10	≤14	≤20	—	—	—	—	—	—
含水量（%）		—	—	—	—	—	—	≤4	≤4	≤4	≤4	≤4	≤4
细度	0.71 mm 方孔筛的筛余（%）	—	—	—	—	—	—	0	≤1	≤1	0	≤1	≤1
	0.125 mm 方孔筛的筛余（%）	—	—	—	—	—	—	≤13	≤20	—	≤13	≤20	—
钙镁石灰的分类筛，氧化镁含量（%）		≤5			>5			≤4			>4		

注：硅、铝、镁氧化物含量之和大于 5% 的生石灰，有效钙加氧化镁含量指标，Ⅰ等≥75%，Ⅱ等≥70%，Ⅲ等≥60%。

2）磨细生石灰，可不经消解直接使用，块灰应在使用前 2 d～3 d 完成消解，未能消解的生石灰块应筛除，消解石灰的粒径不得大于 10 mm。

3）对储存较久或经过雨期的消解石灰应先经过试验，根据活性氧化物的含量决定能否使用和使用办法。

3 拌和用水应使用饮用水及不含油类等杂质的清洁中性水，pH 值宜为 6～8。

13.5.3 石灰土配合比设计应符合下列规定：

1 每种土应按 5 种石灰掺量进行试配，试配石灰用量宜按表 13.5.3-1 选取。

表 13.5.3-1 石灰土试配石灰用量

土壤类别	结构部位	石灰掺量（%）				
		1	2	3	4	5
塑性指数≤12 的黏性土	基层	10	12	13	14	16
	底基层	8	10	11	12	14
塑性指数＞12 的黏性土	基层	5	7	9	11	13
	底基层	5	7	8	9	11
砂砾土、碎石土	基层	3	4	5	6	7

2 确定混合料的最佳含水量和最大干密度，应做最小、中间和最大 3 个石灰剂量混合料的击实试验，其余两个石灰剂量混合料的最佳含水量和最大干密度用内插法确定。

3 按规定的压实度，分别计算不同石灰剂量的试块应有的干密度。

4 强度试验的平等试验最少试件数量，不得小于表 13.5.3-2 的规定。如试验结果的偏差系数大于表中规定值，应重做试验。如不能降低偏差系数，则应增加试件数量。

表 13.5.3-2　最少试件数量（件）

土壤类别	偏差系数		
	< 10%	10% ~ 15%	15% ~ 20%
细粒土	6	9	—
中粒土	6	9	13
粗粒土	—	9	13

5 试件在规定温度下应按国家现行标准《公路工程无机组合料稳定材料试验规程》JTJ 057 有关要求制作、养护，进行无侧限抗压强度试验。

6 石灰剂量应根据设计要求强度值选定。试件试验结果的平均抗压强度（$\overline{R}$）应符合下式要求：

$$\overline{R} \geqslant R_d / （1 - Z_\alpha C_v）\qquad（13.5.3）$$

式中　R_d——设计抗压强度；

$\quad\quad C_v$——试验结果的偏差系数（以小数计）；

$\quad\quad Z_\alpha$——标准正态分布表中随保证率（试置信度 α）而改变的
系数，本规程取保证率 95%，即 $Z_\alpha = 1.645$。

7 实际采用的石灰剂量应比室内试验确定的剂量增加 0.5% ~ 1.0%，采用集中厂拌时可增加 0.5%。

13.5.4 厂拌石灰土应符合下列规定：

1 石灰土搅拌前，应先筛除集料中不符合要求的颗粒，使集料的级配和最大粒径符合要求。

2 宜用强制式搅拌机进行搅拌，配合比应准确，搅拌应均匀，含水量宜略大于最佳值，石灰土应过筛（20 mm 方孔）。

3 应根据土和石灰的含水量变化、集料的颗粒组成变化，及时调整搅拌用水量。

4 拌成的石灰土应及时运送到铺筑现场，运输中应采取防止水分蒸发和防扬尘措施。

5 搅拌厂应向现场提供石灰土配合比、R_7 强度标准值及石灰中活性氧化物含量的资料。

13.5.5 厂拌石灰土摊铺应符合下列规定：

1 路床应湿润。

2 松铺系数应经试验确定。现场人工摊铺，松铺系数宜为 1.65 ~ 1.70。

3 石灰土宜采用机械摊铺，每次摊铺长度宜为一个碾压段。

4 摊铺掺有粗集料的石灰土时，粗集料应均匀。

13.5.6 石灰土碾压应符合下列规定：

1 铺好的石灰土应当天碾压成活。

2 碾压时的含水量宜在最佳含水量的 ± 2% 范围内。

3 直线和不设超高的平曲线段，应由两侧中心碾压；设超高的平曲线段，应由内侧向外侧碾压。

4 初压时，碾速以 1.5 km/h～1.7 km/h 为宜，灰土初步稳定后，以 2.0 km/h～2.5 km/h 为宜。

5 人工摊铺时，宜先用 6 t～8 t 压路机碾压，灰土初步稳定，找补整形后，方可用重型压路机碾压。

13.5.7 石灰土纵、横接缝均应设直茬。接缝应符合下列规定：

1 道路的纵向接缝宜设在路中线处。接缝应做成阶梯形，梯级宽不得小于 1/2 层度。

2 道路的横向接缝应尽量减少。

3 广场的纵、横接缝应平行于平面的轴线。

13.5.8 石灰土养护应符合下列规定：

1 石灰土成活后应立即洒水（或覆盖）养护，保持湿润，直至上部结构施工为止。

2 石灰土碾压成活后可采取喷洒沥青透层油养护，宜在其含水量为 10%左右时进行。

3 石灰土养护期应封闭交通。

13.5.9 石灰、粉煤灰稳定基层的原材料应符合下列规定：

1 石灰应符合本规程 13.5.2 条 2 款的规定。

2 粉煤灰应符合下列规定：

1）粉煤灰化学成分的 SiO_2、Al_2O_3 总量宜大于 70%，在温度为 700 ℃ 的烧失量宜小于或等于 10%。

2）当烧失量大于 10%时，应经试验确认混合料强度符合要求时，方可采用。

3）强度应满足 90%通过 0.3 mm 筛孔，70%通过 0.075 mm 筛孔，比表面积宜大于 2500 cm^2/g。

3 砂砾应经破碎、筛分，级配宜符合表 13.5.10 的规定，破碎砂砾中最大粒径不得大于 37.5 mm。

表 13.5.10 砂砾、碎石级配

筛孔尺寸（mm）	通过质量百分率（%）	
	级配砂砾	级配碎石
37.5	100	100
31.5	85～100	90～100
19.0	65～85	72～90
9.50	50～70	48～68
4.75	35～55	30～50
2.36	25～45	18～38
1.18	17～35	10～27
0.60	10～27	6～20
0.075	0～15	0～7

4 拌和用水应使用饮用水及不含油类等杂质的清洁中性水，pH 值宜为 6～8。

13.5.10 石灰、粉煤灰、砂砾（碎石）配合比设计应符合本规程第 13.5.3 条的有关规定。

13.5.11 石灰粉煤灰混合料应由搅拌厂集中拌制且应符合下列规定：

1 宜采用强制式搅拌机拌制，并应符合下列要求：

1）搅拌时应先将石灰、粉煤灰搅拌均匀，再加入砂砾（碎石）和水搅拌均匀，混合料含水量宜略大于最佳含水量。

2）拌制石灰粉煤灰砂砾均应做延迟时间试验，确定混合料在贮存场放置时间及现场完成作业时间。

3）混合料含水量应适视气候条件适当调整。

2 搅拌厂应向现场提供产品合格证及石灰活性氧化物含量、粒料级配、混合料配合比及 R_7 强度标准值的资料。

3 运送混合料应加覆盖，防止遗撒、扬尘。

13.5.12 石灰粉煤灰摊铺除遵守本规程第 13.5.6 条的有关规定外，尚应符合下列规定：

1 混合料在摊铺前其含水量宜为最佳含水量的 ±2%。

2 混合料每层最大压实厚度为 20 cm，且不宜小于 10 cm。

3 摊铺中发生粗、细集料离析时，应及时翻拌。

13.5.13 石灰、粉煤灰基层碾压应符合本规程第 13.5.7 条的有关规定。

13.5.14 石灰、粉煤灰基层养护应符合下列规定：

1 混合料基层，应在潮湿状态下养护，养护期视季节而定，常温下不宜少于 7 d。

2 采用洒水养护时，应及时洒水，保持混合料湿润，采用喷洒沥青乳液养护时，应及时在乳液面撒嵌丁料。

3 养护期间应封闭交通。

13.5.15 水泥稳定土基层的原材料应符合下列规定：

1 水泥应符合下列规定：

1）应选用初凝时间大于 3 h、终凝时间不小于 6 h 的 32.5 级、42.5 级普通硅酸盐水泥、矿渣硅酸盐、火山灰硅酸盐水泥，水泥应有出厂合格证与生产日期，合格方可使用。

2）水泥贮存期超过 3 个月或受潮，应进行性能试验，合格后方可使用。

2 土应符合下列规定：

1）宜选用粗粒土、中粒土。

2）土的均匀系数不得小于 5，宜大于 10，塑性指数宜为 10~17。

3）土中小于 0.6 mm 颗粒的含量应小于 30%。

3 粒料应符合下列规定：

1）级配碎石、砂砾、未筛分碎石、碎石土、砾石和煤矸石、粒状矿渣等材料均可做粒料源材。

2）当作基层时，粒料最大粒径不宜超过 37.5 mm。

3）当作底基层时，粒料最大粒径不得超过 53 mm。

4）各种粒料应按其自然级配状况，经人工调整使其符合表 13.5.16 的规定。

5）碎石、砾石、煤矸石等的压碎值：对基层不得大于 30%，对底基层不得大于 35%。

6）集料中有机质含量不得超过 2%。

7）集料中硫酸盐含量不得超过 0.25%。

4 拌和用水应使用饮用水及不含油类等杂质的清洁中性水，pH 值宜为 6~8。

13.5.16 稳定土的颗粒范围和技术指标宜符合表 13.5.16 的规定。

表 13.5.16　水泥稳定土类的粒料范围及技术指标

项目		通过质量百分率（%）	
		底基层	基层
筛孔尺寸（mm）	53	—	—
	37.5	100	100
	31.5	—	90 ~ 100
	26.5	—	—
	19	—	67 ~ 90
	9.5	—	45 ~ 68
	4.75	50 ~ 100	29 ~ 50
	2.36	—	18 ~ 38
	1.18	—	—
	0.60	17 ~ 100	8 ~ 22
	0.075	0 ~ 50	0 ~ 7
	0.002	0 ~ 30	—

注：集料中 0.5 mm 以下细粒土有塑性指数时，小于 0.075 mm 的颗料含量不得超过 5%；细粒土无塑性指数时，小于 0.075 mm 的颗粒含量不得超过 7%。

13.5.17　水泥稳定土材料的配合比，应符合设计要求，并按本规程第 13.5.3 条的相关规定进行试验，同时应符合以下要求：

1　当采用厂拌法生产时，水泥掺量应比试验剂量增加 0.5%，水泥最小掺量粗粒土、中粒土应为 3%，细粒土为 4%。

2　水泥稳定土料材料 7 d 抗压强度为 2.5 MPa ~ 3 MPa，底基层为 1.5 MPa ~ 2.0 MPa。

13.5.18　园区道路中使用水泥稳定土类材料，宜集中拌制。

13.5.19 拌制水泥稳定土应符合下列规定：

1 集料应过筛，级配符合设计要求。

2 混合料配合比符合要求，计量准确、含水量符合施工要求、搅拌均匀。

3 搅拌厂应向现场提供产品合格证及水泥用量、粒料级配、混合料配合比、R_7 强度标准值。

4 水泥稳定土运输时，应采取措施防止水分损失。

13.5.20 摊铺水泥稳定土应符合下列规定：

1 施工前应通过试验确定松铺系数，松铺系数宜为 1.53～1.58。

2 宜采用专用摊铺机械摊铺。

3 水泥稳定土自搅拌至摊铺完成，不得超过 3 h，应按当班施工长度计算用料量。

4 分层摊铺时，应在下层养护 7 d 后，方可摊铺上层材料。

13.5.21 水泥稳定土碾压应符合下列规定：

1 应在含水量等于或略大于最佳含水量时进行。碾压找平应符合本规程第 13.5.7 条的有关规定。

2 宜用 12 t～18 t 压路机作初步稳定碾压，混合料初步稳定后用大于 18 t 的压路机碾压，至表面平整、无明显轮迹，且达到要求的压实度。

3 水泥稳定土宜在初凝时间到达前碾压成活。

4 当使用振动压路机时，应符合环境保护和周围建筑物及地下管线、构筑物的要求。

13.5.22 水泥稳定土接缝应符合本规程第 13.5.8 条的有关规定。

13.5.23 水泥稳定土养护应符合下列规定：

1 基层宜采用洒水养护，保持湿润。采用乳化沥青养护，应在其上撒布适量石屑。

2 养护期间应封闭交通。

3 常温下成活后应经 7 d 养护，方可在其上铺筑面层。

13.5.24 级配砂砾及级配砾石基层应符合下列规定：

1 级配砂砾及级配砾石应符合下列规定：

1）天然砂砾应质地坚硬，含泥量不得大于砂质量（粒径小于 5 mm）的 10%，砾石颗粒中细长及扁平颗粒的含量不得超过 20%。

2）级配碎石及级配砾石适用于次干路及其以下道路底基层时，级配中最大粒径不宜大于 53 mm，作基层时最大粒径不得大于 37.5 mm。

3）级配砂砾及级配砾石的颗粒范围和技术指标宜符合表 13.5.24 的规定。

表 13.5.24　级配砂砾及级配砾石的颗粒范围及技术指标

项目		通过质量百分率（%）		
		底基层	基层	
		砾石	砾石	砂砾
筛孔尺寸（mm）	53	—	100	100
	37.5	100	90～100	80～100
	31.5	90～100	81～84	—
	19.0	73～88	63～81	—
	9.5	49～69	45～66	40～100
	4.75	29～54	27～51	25～85

项目		通过质量百分率（%）		
		底基层	基层	
		砾石	砾石	砂砾
筛孔尺寸（mm）	2.36	17～37	16～35	—
	0.6	8～20	8～20	8～45
	0.075	0～7②	0～7②	0～15
液限（%）		<28	<28	<28
塑性指数		<6（或9①）	<6（或9①）	<9

注：1 潮湿多雨地区塑性指数宜小于6，其他地区塑性指数宜大于9。

2 对于无塑性的混合料，小于0.075 mm的颗粒含量接近高限。

4）集料压碎值应符合本规程表13.5.25-2的规定。

2 摊铺应符合下列规定：

1）松铺系数应通过试验段确定，每层摊铺虚厚不宜超过30 cm。

2）砂砾应摊铺均匀一致，发生粗、细骨料集中或离析现象时，应及时翻拌均匀。

3）摊铺长至少一个碾压段30 m～50 m。

3 碾压成活应符合下列规定：

1）碾压前应洒水，洒水量应使全部砂砾湿润，且不导致其层下翻浆。

2）碾压过程中应保持砂砾湿润。

3）碾压时应采用12 t以上压路机进行，初始碾速宜为25 m/min～30 m/min，砂砾初步稳定后，碾速宜控制在40 m/min，碾压至轮迹不大于5 mm，砂石表面平整、坚实，无松散和粗、细集料集中等现象。

　　4）上层铺筑前，应封闭交通。

13.5.25　级配碎石及级配碎砾石基层应符合下列规定：

　　1　级配碎石及级配碎砾石材料应符合下列规定：

　　1）轧制碎石的材料可为各种类型的岩石（软质岩石除外）、砾石，轧制碎石的砾石粒径应为碎石最大粒径的 3 倍以上，碎石中不得有黏土块、植物根叶、腐殖质等有害物质。

　　2）碎石中针片状颗粒的总含量不得超过 20%。

　　3）级配碎石及级配碎砾石颗粒范围和技术指标宜符合表 13.5.25-1 的规定。

表 13.5.25-1　级配碎石及级配碎砾石的颗粒范围及技术指标

项目		通过质量百分率（%）	
		基层	底基层③
筛孔尺寸（mm）	53	—	100
	37.5	100	85 ~ 100
	31.5	90 ~ 100	69 ~ 88
	19.0	73 ~ 88	40 ~ 65
	9.5	49 ~ 69	19 ~ 43
	4.75	29 ~ 54	10 ~ 30
	2.36	17 ~ 37	8 ~ 25
	0.6	8 ~ 20	6 ~ 18
	0.075	0 ~ 7②	0 ~ 10
液限（%）		< 28	< 28
塑性指数		< 6（或 9①）	< 6（9①）

注：1　潮湿多雨地区塑性指数宜小于 6，其他地区塑性指数宜大于 9；

　　2　对于无塑性的混合料，小于 0.075 mm 的颗粒含量接近高限；

　　3　底基层所列为未筛分碎石颗粒组成范围。

4）级配碎石及级配碎砾石石料的压碎值应符合表 13.5.25-2 的规定。

表 13.5.25-2　级配碎石及级配碎砾石压碎值

项目	压碎值	
	基层	底基层
车道、广场	< 30%	< 35%
人行步道	< 35%	< 40%

5）碎石或碎砾石应为多棱角块体，软弱颗粒含量应小于 5%，扁平细长碎石含量应小于 20%。

2　摊铺应符合下列规定：

1）宜采用机械摊铺符合级配要求的厂拌级配碎石或级配碎砾石。

2）松铺系数应通过试验段确定，人工摊铺宜为 1.40～1.50，机械摊铺宜为 1.25～1.35。

3）摊铺碎石每层应按虚厚一次铺齐，颗粒分布应均匀，厚度一致，不得多次找补。

4）已摊平的碎石，碾压前应断绝交通，保持摊铺层清洁。

3　碾压除遵守本规程第 13.5.6 条的有关规定外，尚应符合下列规定：

1）碾压前和碾压中应先适量洒水。

2）碾压中对过碾现象部位，应进行换填处理。

4　成活应符合下列规定：

1）碎石压实后及成活中应适量洒水。

2）压实碎石出现缝隙时撒布嵌缝料。

3）道路及广场宜采用 12 t 以上的压路机械成活，人行步道可采用小型碾压机具碾压成活，碾压至缝隙嵌挤密实，稳定坚实，表面平整，轮迹小于 5 mm。

4）未铺装上层前，对已成活的碎石基层就保持养护，应封闭交通。

13.6 沥青面层

13.6.1 沥青面层施工应符合下列一般规定：

1 施工中应根据面层类型、厚度和沥青混合料的种类、组成、施工季节，确定铺筑方法、层次及各分层厚度。

2 沥青面层不得在雨、雪天气及环境最高温度低于 5 ℃ 时施工。

3 园区道、场应使用石油沥青。

4 铺筑沥青层前，应检查基层或下卧沥青层的质量，不符合要求的不得铺筑沥青面层。

13.6.2 用于透层、粘层、封层及拌制冷拌沥青混合料的液体石油沥青的技术要求应符合表 13.6.2 的规定。

表 13.6.2 道路用液体石油沥青技术要求

试验项目		单位	快凝		中凝						慢凝						试验方法
			AL(R)-1	AL(R)-2	AL(M)-1	AL(M)-2	AL(M)-3	AL(M)-4	AL(M)-5	AL(M)-6	AL(S)-1	AL(S)-2	AL(S)-3	AL(S)-4	AL(S)-5	AL(S)-6	
黏度	$C_{25,5}$	S	<20	—	<20	—					<20						T0621
	$C_{60,5}$	S	—	5~15	—	5~15	16~25	26~40	41~100	101~200	—	5~15	16~25	26~40	41~100	101~200	

试验项目		单位	快凝		中凝						慢凝						试验方法
			AL(R)-1	AL(R)-2	AL(M)-1	AL(M)-2	AL(M)-3	AL(M)-4	AL(M)-5	AL(M)-6	AL(S)-1	AL(S)-2	AL(S)-3	AL(S)-4	AL(S)-5	AL(S)-6	
蒸馏体积	225 ℃	%	>20	>15	<10	<7	<3	<2	0	0	—	—	—	—	—	—	T0632
	315 ℃	%	>35	>30	<35	<25	<17	<14	<8	<5	—	—	—	—	—	—	
	360 ℃	%	>45	>35	<50	<35	<30	<25	<20	<15	<40	<35	<25	<20	<15	<5	
蒸馏后残留物	针入度(25 ℃)	0.1 mm	60~200	60~200	100~300	100~300	100~300	100~300	100~300	100~300	—	—	—	—	—	—	T0604
	延度(25 ℃)	cm	>60	>60	>60	>60	>60	>60	>60	>60	—	—	—	—	—	—	T0605
	浮漂度(5 ℃)	S	—	—	—	—	—	—	—	—	<20	>20	>30	>40	>45	>50	T0631
闪点(TOC法)		℃	>30	>30	>65	>65	>65	>65	>65	>65	>70	>70	>100	>100	>120	>120	T0633
含水量≤		%	0.2	0.2	0.2	0.2	0.2	0.2	0.2	0.2	2.0	2.0	2.0	2.0	2.0	2.0	T0612

13.6.3 透层施工应符合下列规定：

1 沥青混合料面层的基层表面应喷洒透层油，在透层油完全渗透入基层后方可铺筑面层。

2 施工中应根据基层类型选择渗透性好的液体沥青、乳化沥青做透层油。透层油的规格应符合表 13.6.3 的规定。

表 13.6.3　沥青路面透层材料的规格和用量

用途	液体沥青		乳化沥青	
	规格	用量（L/m²）	规格	用量（L/m²）
无机结合料粒料基层	AL（M）-1、2 或 3 AL（S）-1、2 或 3	1.0~2.3	PC-2 PA-2	1.0~2.0
半刚性基层	AL（M）-1 或 2 AL（S）-1 或 2	0.6~1.5	PC-2 PA-2	0.7~1.5

注：表中用量是指包括稀释剂和水分等在内的液体沥青、乳化沥青的总量，乳化沥青中的残留物含量是以 50% 为基准的。

3 用作透层油的基质沥青的针入度不宜小于100，液体沥青的黏度应通过调节稀释剂的品种和掺量经试验确定。

4 透层油的用量与渗透深度宜通过试洒确定，不宜超出表13.6.3的规定。

5 用于石灰稳定土类或水泥稳定土类基层的透层油宜紧接在基层碾压成形后表面稍变干燥，但尚未硬化的情况下喷洒，且宜在透层油撒布后 1 d~2 d 铺筑沥青混合料。洒布透层油后，应封闭各种交通。

6 透层油宜采用沥青洒布车或手动沥青洒布机喷洒。洒布设备喷嘴应与透层沥青匹配，喷洒应呈雾状，洒布管高度应使同一地点接受 2~3 个喷油嘴喷洒的沥青。

7 透层油应洒布均匀，有花白遗漏应人工补洒，喷洒过量的应立即撒布石屑或砂吸油，必要时作适当碾压。

8 透层油洒布后的养护时间应根据透层油的品种和气候条件由试验确定。液体沥青中的稀释剂全部挥发或乳化沥青水分蒸发后，应及时铺筑沥青混合料面层。

13.6.4 粘层施工应符合下列规定：

1 双层式或多层式热拌热铺沥青混合料面层，上、下层间铺筑间隔期已铺层面受污染时，或间隔期较长，或在水泥混凝土路面、沥青稳定碎石基层、旧沥青路面层上加铺沥青混合料层时，应在既有结构和路缘石、检查井等构筑物与沥青混合料层连接面喷洒粘层油。

2 粘层油宜采用快裂或中裂乳化沥青、改性乳化沥青，也可采用快、中凝流体石油沥青，其规格和用量应符合表 13.6.4 的规定。所使用基质沥青标号宜与主层沥青混合料相同。

表 13.6.4　沥青路面粘层材料的规格和用量

下卧层类型	液体沥青		乳化沥青	
	规格	用量（L/m²）	规格	用量（L/m²）
新建沥青层或旧沥青路面	AL（R）-3~AL（R）-6 AL（M）-3~AL（M）-6	0.3~0.5	PC-3 PA-3	0.3~0.6
水泥混凝土	AL（M）-3~AL（M）-6 AL（S）-3~AL（S）-6	0.2~0.4	PC-3 PA-3	0.3~0.5

注：表中用量是指包括稀释剂和水分等在内的液体沥青、乳化沥青的总量，乳化沥青中的残留物含量是以 50% 为基准。

3　粘层油品种和用量应根据下卧层的类型通过试洒确定，并应符合表 13.6.4 的规定。当粘层油上铺筑薄层大孔隙排水路面时，粘层油的用量宜增加到 0.6 L/m² ~ 1.0L/m²。沥青层间兼做封层的粘层油宜采用改性沥青或改性乳化沥青，其用量不宜少于 1.0L/m²。

4　粘层油宜在摊铺面层当天洒布。

5　粘层油喷洒应符合本规程第 13.6.4 条的有关规定。

13.6.5　封层施工应符合下列要求：

1　封层油宜采用改性沥青或改性乳化沥青，集料应质地坚固、耐磨、洁净、粒径级配应符合要求。

2　用于稀浆封层的混合料其配比应经设计、试验，符合要求后方可使用。

3　下封层宜采用层铺法表面处治或稀浆封层法施工，沥青（乳化沥青）和集料用量应根据配合比设计确定。

4 沥青应撒布均匀、不露白，封层应不透水。

13.6.6 当气温在 10 ℃ 及以下，风力大于 5 级及以上时，不得喷洒透层、粘层、封层油。

13.6.7 沥青混凝土面层的原材料应符合下列规定：

1 沥青应符合下列要求：

1）车行道、场宜优先采用 A 级沥青作为道路面层使用。人行步道可采用 B 级沥青作为路面层使用。当缺乏所需标号的沥青时，可采用不同标号沥青掺配，掺配比应经试验确定。

2）乳化沥青的质量应符合表 13.6.7-1 的规定。在高温条件下宜采用黏度较大的乳化沥青，寒冷条件下宜使用黏度较小的乳化沥青。

表 13.6.7-1　道路用乳化沥青技术要求

试验项目		单位	品种代号										试验方法
			阳离子				阴离子				非离子		
			喷洒用			搅拌用	喷洒用			搅拌用	喷洒用	搅拌用	
			PC-1	PC-2	PC-3	BC-1	PA-1	PA-2	PA-3	BA-1	PN-2	BN-1	
破乳速度		—	快裂	慢裂	快裂或中裂	慢裂或中裂	快裂	慢裂	快裂或中裂	慢裂或中裂	慢裂	慢裂	T0658
粒子电荷		—	阳离子（＋）				阴离子（－）				非离子		T0653
筛上残留物（1.18 mm 筛），≤		%	0.1				0.1				0.1		T0652
黏度	恩格拉黏度计 E_{25}	—	2～10	1～6	1～6	2～30	2～10	1～6	1～6	2～30	1～6	2～30	T0622
	道路标准黏度计 $C_{25,3}$	s	10～25	8～20	8～20	10～60	10～25	8～20	8～20	10～60	8～20	10～60	T0621

试验项目		单位	品种代号										试验方法
			阳离子				阴离子				非离子		
			喷洒用			搅拌用	喷洒用			搅拌用	喷洒用	搅拌用	
			PC-1	PC-2	PC-3	BC-1	PA-1	PA-2	PA-3	BA-1	PN-2	BN-1	
蒸发残留物	残留分含量，≥	%	50	50	50	55	50	50	50	55	50	55	T0651
	溶解度，≥	%	97.5				97.5				97.5		T0607
	针入度（25 ℃）	0.1 mm	50~200	50~300	45~150		50~200	50~300	45~150		50~300	60~300	T0604
	延度（15 ℃），≥	cm	40				40				40		T0605
与粗集料的黏附性，裹附面积，≥		—	2/3			—	2/3			—	2/3	—	T0654
与粗、细粒式集料搅拌试验		—	—			均匀	—			均匀	—	—	T0659
水泥搅拌试验的筛上剩余，≤		%	—			—	—			—	—	3	T0657
常温贮存稳定性： 1 d，≤ 5 d，≤		%	1 5				1 5				1 5		T0655

注：1 P 为喷洒型，B 为搅拌型，C、A、N 分别表示阳离子、阴离子、非离子乳化沥青。

2 黏度可选用恩格拉黏度计或沥青标准黏度计之一测定。

3 表中的破乳速度与集料的黏附性、搅拌试验的要求、所使用的石料品种有关，质量检验时应采用工程上实际的石料进行试验，仅进行乳化沥青产品质量评定时可不要求此三项指标。

4 贮存稳定性根据施工实际情况选用试验时间，通常采用 5 d，乳液生产后能在当天使用时，也可用 1 d 的稳定性。

5 当乳化沥青需要在低温冰冻条件下贮存或使用时，尚需按 T0656 进行 −5 ℃ 低温贮存稳定性试验，要求没有粗颗粒、不结块。

6 如果乳化沥青是将高浓度产品运到现场经稀释后使用的，则表中的蒸发残留物等各项指标指稀释前乳化沥青的要求。

3） 当使用改性沥青时，改性沥青的基质沥青应与改性剂有良好的配伍性。聚合物改性沥青主要技术要求应符合表 13.6.7-2 的规定。

表 13.6.7-2 聚合物改性沥青技术要求

指标	单位	SBS（Ⅰ类）				SBR（Ⅱ类）			EVA，PE 类（Ⅲ类）				试验方法
		Ⅰ-A	Ⅰ-B	Ⅰ-C	Ⅰ-D	Ⅱ-A	Ⅱ-B	Ⅱ-C	Ⅲ-A	Ⅲ-B	Ⅲ-C	Ⅲ-D	
针入度 25 ℃，100g，5 s	0.1 mm	> 100	80 ~ 100	60 ~ 80	30 ~ 60	> 100	80 ~ 100	60 ~ 80	> 80	60 ~ 80	40 ~ 60	30 ~ 40	T0604
针入度指数 PI，≥	—	– 0.12	– 0.8	– 0.4	0	– 1.0	-0.8	– 0.6	– 1.0	– 0.8	– 0.6	– 0.4	T0604
延度 5 ℃，5 cm/min，≥	Cm	50	40	30	20	60	50	40	—				T0605
软化点 $T_{R\&B}$，≥	℃	45	50	55	60	45	48	50	48	52	56	60	T0606
运动黏度① 135 ℃，≤	Pa·s	3											T0625 T0619
闪点，≥	℃	230				230			230				T0611
溶解度，≥	%	99				99							T0607
弹性恢复 25 ℃，≥	%	55	60	65	75	—			—				T0662
黏韧性，≥	N·m	—				5			—				T0624
韧性，≥	N·m	—				2.5			—				T0624
贮存稳定性②离析，48 h，软化点差，≤	℃	2.5				—			无改性剂明显析出、凝聚				T0661
TFOT（或 RTFOT）后残留物													
质量变化允许范围	%	± 1.0											T0610 或 T0609
针入度比 25 ℃，≥	%	50	55	60	65	50	55	60	50	55	58	60	T0604
延度 5 ℃，≥	Cm	30	25	20	15	30	20	10	—				T0605

注：①135 ℃运动黏度可采用国家现行标准《公路工程沥青及沥青混合料试验规程》JTJ 052 中的"沥青布氏旋转黏度试验方法（布洛克菲尔德黏度计法）"进行测定。若在不改变改性沥青物理力学性质并符合安全条件的温度下易于泵送和搅拌，或经证明适当提高泵送和搅拌温度时能保证改性沥青的质量，容易施工，可不要求测定。

②：贮存稳定性指标适用于工厂生产的成品改性沥青。现场制作的改性沥青对贮存稳定性指标可不作要求，但必须在制作后，保持不间断的搅拌或泵送循环，保证使用前没有明显的离析。

4）改性乳化沥青技术要求应符合表 13.6.7-3 的规定。

表 13.6.7-3 改性乳化沥青技术要求

试验项目		单位	品种及代号		试验方法
			PCR	BCR	
破乳速度		—	快裂或中裂	慢裂	T0658
粒子电荷		—	阳离子（+）	阳离子（+）	T0653
筛上剩余量（1.18 mm），≤		%	0.1	0.1	T0652
黏度	恩格拉黏度 E_{25}	—	1 ~ 10	3 ~ 30	T0622
	沥青标准黏度 $C_{25.3}$	s	8 ~ 25	12 ~ 60	T0621
蒸发残留物	含量，≥	%	50	60	T0651
	针入度（100g, 25 ℃, 5 s）	0.1 mm	40 ~ 120	40 ~ 100	T0604
	软化点，≥	℃	50	53	T0606
	延度（5 ℃），≥	Cm	20	20	T0605
	溶解度（三氯乙烯），≥	%	97.5	97.5	T0607
与矿料的黏附性，裹覆面积，≥			2/3		T0654
贮存稳定性	1 d，≤	%	1	1	T0655
	5 d，≤	%	5	5	T0655

注：1 破乳速度与集料黏附性、搅拌试验、所使用的石料品种有关。工程上施工质量检验时应采用实际的石料试验，仅进行产品质量评定时可不对这些指标提出要求。

2 当用于填补车辙时，BCR 蒸发残留物的软化点宜提高至不低于 55 ℃。

3 贮存稳定性根据施工实际情况选择试验天数，通常采用 5 d，乳液生产后能在第二天使用完时也可选用 1 d。个别情况下改性乳化沥青 5 d 的贮存稳定性难以满足要求，如果经搅拌后能达到均匀一致并不影响正常使用，此时要求改性乳化沥青运至工地后存放在附有搅拌装置的贮存罐内，并不断地进行搅拌，否则不准使用。

4 当改性乳化沥青或特种改性乳化沥青需要在低温冰冻条件下贮存或使用时，尚需按 T0656 进行 – 5 ℃ 低温贮存稳定性试验，要求没有粗颗粒、不结块。

2 粗集料应符合下列规定：

1）粗集料应符合工程设计规定的级配范围。

2）骨料对沥青的黏附性，应大于或等于 3 级。集料具有一定的破碎面颗粒含量，具有 1 个破碎面宜大于 90%，2 个及以上的宜大于 80%。

3）粗集料的质量技术要求应符合表 13.6.7-4 的规定。

表 13.6.7–4　沥青混合料用粗集料质量技术要求

试验项目	单位	品种及代号	试验方法
石料压碎值，≤	%	30	T0316
洛杉矶磨耗损失，≤	%	35	T0317
表观相对密度，≥	—	2.45	T0304
吸水率，≤	%	3.0	T0304
针片状颗粒含量（混合料），≤	%	20	T0312
水洗法 < 0.075 mm 颗粒含量，≤	%	1	T0310
软石含量，≤	%	5	T0320

注：1　坚固性试验可根据需要进行。

　　2　对 S14 即 3 ~ 5 规格的粗集料，针片状颗粒含量可不予要求，小于 0.075 mm 含量可放宽到 3%。

4）粗集料的粒径规格应按表 13.6.7-5 的规定生产和使用。

表 13.6.7-5　沥青混合料用粗集料规格

规格名称	公称粒径（mm）	通过下列筛孔（mm）的质量百分率（%）												
		106	75	63	53	37.5	31.5	26.5	19.0	13.2	9.5	4.75	2.36	0.6
S1	40~75	100	90~100	—	—	0~15	—	0~5						
S2	40~60		100	90~100	—	0~15	—	0~5						
S3	30~60		100	90~100	—	—	0~15	—	0~5					
S4	25~50			100	90~100	—	—	0~15	0~5					
S5	20~40				100	90~100	—	—	0~15	—	0~5			
S6	15~30					100	90~100	—	—	0~15	0~5			
S7	10~30					100	90~100	—	—	—	0~15	0~5		
S8	10~25						100	90~100	—	—	0~15	0~5		
S9	10~20							100	90~100	—	0~15	0~5		
S10	10~15								100	90~100	0~15	0~5		
S11	5~15								100	90~100	40~70	0~15	0~5	
S12	5~10									100	90~100	0~15	0~5	
S13	3~10									100	90~100	40~70	0~20	0~5
S14	3~5										100	90~100	0~15	0~3

3　细集料应符合下列规定：

1）含泥量，不得大于 5%。

2）细集料的质量要求应符合表 13.6.7-6 的规定。

表 13.6.7-6 细集料质量要求

项目	单位	质量要求	试验方法
表现相对密度≥	—	2.45	T0328
含泥量（小于 0.075 mm 的含量）≤	%	5	T0333
砂当量≥	%	50	T0334

3）沥青混合料用天然砂规格见表 13.6.7-7。

表 13.6.7-7 沥青混合料用天然砂规格

筛孔尺寸（mm）	通过各孔筛的质量百分率（%）		
	粗砂	中砂	细砂
9.5	100	100	100
4.75	90~100	90~100	90~100
2.36	65~95	75~90	85~100
1.18	35~65	50~90	75~100
0.6	15~30	30~60	60~84
0.3	5~20	8~30	15~45
0.15	0~10	0~10	0~10
0.075	0~5	0~5	0~5

4）沥青混合料用机制砂或石屑规格见表 13.6.7-8。

表 13.6.7-8 沥青混合料用机制砂或石屑规格

规格	公称粒径（mm）	水洗法通过各筛孔的质量百分数（%）							
		9.5	4.75	2.36	1.18	0.6	0.3	0.15	0.075
S15	0~5	100	90~100	60~90	40~75	20~55	7~40	2~20	0~10
S16	0~3	—	100	80~100	50~80	25~60	8~45	0~25	0~15

注：当生产石屑采用喷水抑制扬尘工艺时，应特别注意含粉量不得超过表中要求。

4 矿粉应用石灰岩等憎水性石料磨制。当用粉煤灰作填料时，其用量不得超过填料总量的 50%。沥青混合料用矿粉质量要求应符合表 13.6.7-9 的规定。

表 13.6.7-9 沥青混合料用矿粉质量要求

项目		单位	质量要求	试验方法
表观密度，≥		t/m³	2.45	T0352
含水量，≥		%	1	T0103 烘干法
粒度范围	< 0.6 mm	%	100	T0351
	< 0.15 mm	%	90~100	
	< 0.075 mm	%	70~100	
外观		—	无团粒结块	—
亲水系数		—	< 1	T0353
塑性指数		%	< 4	T0354
加热安定性		—	实测记录	T0355

5 纤维稳定剂应在 250 ℃ 条件下不变质。不宜使用石棉纤维。木质纤维素技术要求应符合表 13.6.7-10 的规定。

表 13.6.7-10　木质素纤维技术要求

项目	单位	指标	试验方法
纤维长度，≤	mm	6	水溶液用显微镜观测
灰分含量	%	18±5	高温 590 ℃～600 ℃燃烧后测定残留物
pH 值	—	7.5±1.0	水溶液用 pH 试纸或 pH 计测定
吸油率，≥	—	纤维质量的 5 倍	用煤油浸泡后放在筛上经振敲后称量
含水率（以质量计），≤	%	5	105 ℃烘箱烘 2 h 后的冷却称量

13.6.8　不同料源、品种、规格的原材料应分别存放，不得混存。

13.6.9　沥青混凝土配合比设计应符合国家现行标准《公路沥青路面施工技术规范》JTG F40 的要求，并应根据工程所处地区气候条件和道、场结构等情况，通过试验，确定适宜的沥青混凝土技术指标。

13.6.10　基层施工透层油或下封层后，应及时铺筑沥青混凝土面层。

13.6.11　园区道路面层沥青混凝土用沥青混合料的种类，按集料公称最大粒径、矿料级配、空隙率划分见表 13.6.11。应按设计要求选择适宜的混合料规格、品种。

表 13.6.11 热拌沥青混合料种类

混合料类型	密级配			开级配		半开级配	公称最大粒径（mm）	最大粒径（mm）
	连续级配		间断级配	间断级配				
	沥青混凝土	沥青稳定碎石	沥青玛蹄脂碎石	排水式沥青磨耗层	排水式沥青碎石基层	沥青碎石		
特粗式	—	ATB-40	—	—	ATPB-40	—	37.5	53.0
粗粒式	—	ATB-30	—	—	ATPB-30	—	31.5	37.5
	AC-25	ATB-25	—	—	ATPB-25	—	26.5	31.5
中粒式	AC-20	—	SMA-20	—	—	AM-20	19.0	26.5
	AC-16	—	SMA-16	OGFC-16	—	AM-16	16.0	19.0
细粒式	AC-13	—	SMA-13	OGFC-13	—	AM-13	13.2	16.0
	AC-10	—	SMA-10	OGFC-10	—	AM-10	9.5	13.2
砂粒式	AC-5	—	—	—	—	—	4.75	9.5
设计空隙率（%）	3～5	3～6	3～4	>18	>18	6～12	—	—

注：设计空隙率可按配合比设计要求适当调整。

13.6.12 沥青混合料面层集料的最大粒径应与分层压实层厚度相匹配。密级配沥青混合料，每层的压实厚度不宜小于集料公称最大粒径的 2.5 倍～3 倍；对 SMA 和 OGFC 等嵌挤型混合料不宜小于公称最大粒径的 2 倍～2.5 倍。

13.6.13 热拌沥青混合料铺筑前，应复核基层和附属构筑物高程，确认符合要求，并对施工机具设备进行检查，确认处于良好状态。

13.6.14 沥青混合料搅拌及施工温度应符合下列规定：

1 普通沥青混合料搅拌及压实温度宜通过在 135 ℃～175 ℃ 条件下测定的黏度-温度曲线，按表 13.6.14-1 确定。缺乏黏温曲线数据时，可参照表 13.6.14-2 的规定，结合实际情况确定混合料的搅拌及施工温度。

表 13.6.14-1　　沥青混合料搅拌及压实时适宜温度相应的黏度

黏度	适宜于搅拌的沥青混合料黏度	适宜于压实的沥青混合料黏度	测定方法
表观黏度	（0.17 ± 0.02）Pa·s	（0.28 ± 0.03）Pa·s	T0625
运动黏度	（170 ± 20）mm²/s	（280 ± 30）mm²/s	T0619
赛波特黏度	（85 ± 10）s	（140 ± 15）s	T0623

表 13.6.14-2　　热拌沥青混合料的搅拌及施工温度（°C）

施工工序		石油沥青的标号			
		50 号	70 号	90 号	110 号
沥青加热温度		160 ~ 170	155 ~ 165	150 ~ 160	145 ~ 155
矿料加热温度	间隙式搅拌机	集料加热温度比沥青温度高 10 ~ 30			
	连续式搅拌机	矿料加热温度比沥青温度高 5 ~ 10			
沥青混合料出料温度①		150 ~ 170	145 ~ 165	140 ~ 160	135 ~ 155
混合料储料仓储存温度		储料过程中温度降低不超过 10			
混合料废弃温度，高于		200	195	190	185
运输到现场温度①		145 ~ 165	140 ~ 155	135 ~ 145	130 ~ 140
混合料摊铺温度①，不低于		140 ~ 160	135 ~ 150	130 ~ 140	125 ~ 135
开始碾压的混合料内部温度①，不低于		135 ~ 150	130 ~ 145	125 ~ 135	120 ~ 130
碾压终了的表面温度②，不低于		75 ~ 85	70 ~ 80	65 ~ 75	55 ~ 70
		75	70	60	55
开放交通的路表面温度，不高于		50	50	50	45

注：1　沥青混合料的施工温度采用具有金属探测针的插入式数显温度计测量，表面温度可采用表面接触式温度计测定。当红外线温度计测量表面温度时，应进行标定。

2　表中未列入的 130 号、160 号及 30 号沥青的施工温度由试验确定。

3　①常温下宜用低值，低温下宜用高值。

4　②视压路机类型而定，轮胎压路机取高值，振动压路机取低值。

2　聚合物改性沥青混合料搅拌及施工温度应根据实践经验经试验确定，通常宜较普通沥青混合料温度提高 10 °C ~ 20 °C。

3 SMA 混合料的施工温度应经试验确定。

13.6.15 热拌沥青混合料应由有资质的沥青混合料集中搅拌站供应。

13.6.16 沥青混合料搅拌时间应经试拌确定，以沥青均匀裹覆集料为度。间歇式搅拌机每盘的搅拌周期不宜少于 45 s，其中干拌时间不宜少于 5 s～10 s。改性沥青和 SMA 混合料的搅拌时间应适当延长。

13.6.17 沥青混合料出厂时，应逐车检测沥青混合料的质量和温度，并附带载有出厂时间和运料单。不合格品不得出厂。

13.6.18 热拌沥青混合料的运输应符合下列要求：

1 热拌沥青混合料宜采用与摊铺机匹配的自卸汽车运输。

2 运料车装料时，应防止粗细集料离析。

3 运料车应具有保温、防雨、防混合料遗撒与沥青滴漏等功能。

4 沥青混合料运输车辆的总运力应比搅拌能力或摊铺能力有所富余。

5 沥青混合料运至摊铺地点，应对搅拌质量与温度进行检查，合格后方可使用。

13.6.19 热拌沥青混合料的摊铺应符合下列规定：

1 热拌沥青混合料应采用机械摊铺。摊铺温度应符合本规程表 13.6.14-2 的规定。

2 摊铺机应具有自动或半自动方式调节摊铺厚度及找平的装置、可加热的振动熨平板或初步振动压实装置，具备摊铺宽度可调整等功能，且受料斗斗容应能保证更换运料车时连续摊铺。

3 采用自动调平摊铺机摊铺最下层沥青混合料时，应使用钢丝或路缘石、平石控制高程与摊铺厚度，以上各层可用导梁引导高程控制，或采用声呐平衡梁控制方式。经摊铺机初步压实的摊铺层应符合平整度、横坡的要求。

4 沥青混合料的最低摊铺温度应根据气温、下卧层表面温度、摊铺层厚度与沥青混合料种类经试验确定，不得在气温低于 5 ℃ 条件下施工。

5 沥青混合料的松铺系数应根据混合料类型、施工机械和施工工艺等通过试验段确定。松铺系数可按照表 13.6.19 进行初选。

表 13.6.19　沥青混合料的松铺系数

种类	机械摊铺	人工摊铺
沥青混凝土混合料	1.15 ~ 1.35	1.25 ~ 1.50
沥青碎石混合料	1.15 ~ 1.30	1.20 ~ 1.45

6 摊铺沥青混合料应均匀、连续不间断，不得随意变换摊铺速度或中途停顿。摊铺速度宜为 2 m/min ~ 6 m/min。摊铺时螺旋送料器尖不停顿地转动，两侧应保持有不少于送料器高度 2/3 的混合料，并保证在摊铺机全宽度断面上不发生离析。熨平板按所需厚度固定后不得随意调整。

7 摊铺层发生缺陷应找补，并停机检查，排除故障。

8 路面狭窄部分、平曲线半径过小的人行步道可采用人工摊铺。

13.6.20 热拌沥青混合料的压实应符合下列规定：

1 应选择合同约定的压路机组合方式及碾压步骤，以达到最佳碾压结果。沥青混合料压实宜采用钢筒式静态压路机与轮胎压路机或振动式压路机组合的方式压实。

2 压实应按初压、复压、终压（包括成形）三个阶段进行。压路机应以慢而均匀的速度碾压，压路机的碾压速度宜符合表13.6.20 的规定。

表 13.6.20　压路机碾压速度（km/h）

压路机类型	初压		复压		终压	
	适宜	最大	适宜	最大	适宜	最大
钢筒式压路机	1.5～2	3	2.5～3.5	5	2.5～3.5	5
轮胎压路机	—	—	3.5～4.5	6	4～6	8
振动压路机	1.5～2（静压）	5（静压）	1.5～2（振动）	1.5～2（振动）	2～3（静压）	5（静压）

3 初压应符合下列规定：

1）初压温度应符合本规程表 13.6.14-2 的有关规定，以能稳定混合料，且不产生推移、发裂为度。

2）碾压应从外侧向中心碾压，碾速稳定均匀。

3）初压应采用轻型钢筒式压路机碾压 1～2 遍，初压后应检查平整度、路拱，必要时应修整。

4 复压应紧跟初压连续进行，并应符合下列规定：

1）复压应连续进行。碾压段长度宜为 60 m～80 m。当采用不同型号的压路机组合碾压时，每一台压路机均应做全幅碾压。

2）密级配沥青混凝土宜优先采用重型的轮胎压路机进行碾压，碾压到要求的压实度为止。

3）对大粒径沥青稳定碎石类的基层，宜优先采用振动压路机复压。厚度小于 30 mm 的沥青碎石基层不宜采用振动压路机碾压。相邻碾压带重叠宽度宜为 10 cm ~ 20 cm。振动压路机折返时应先停止振动。

4）采用三轮钢筒式压路机时，总质量不宜小于 12 t。

5）大型压路机难于碾压部位，宜采用小型压实工具进行压实。

5 终压温度应符合表 13.6.14-2 的有关规定。终压宜选用双轮钢筒式压路机，碾压至无明显轮迹为止。

13.6.21 SMA 混合料的压实应符合下列规定：

1 SMA 混合料宜采用振动压路机或钢筒式压路机碾压。

2 SMA 混合料不宜采用轮胎压路机碾压。

3 OGFC 混合料宜用 12 t 以上的钢筒式压路机碾压。

13.6.22 碾压过程中碾压轮应保持清洁，可对钢轮涂刷隔离剂或防黏剂，严禁刷柴油。当采用向碾压轮喷水（可添加少量表面活性剂）的方式时，必须严格控制喷水量，应成雾状，不得漫流。

13.6.23 压路机不得在未碾压成形路段上转向、调头、加水或停留。在当天成形的路面上，不得停放各种机械设备或车辆，不得散落矿料、油料等杂物。

13.6.24 接缝应符合下列规定：

1 沥青混合料面层的施工接缝应紧密、平顺。

2 上、下层的纵向热接缝应错开 15 cm,冷接缝应错开 30 cm ~ 40 cm。相邻两幅及上、下层的横向接缝均应错开 1 m 以上。

3 表面层接缝应采用直茬，以下各层可采用斜接茬，层较厚时也可做阶梯形接茬。

4 对冷接茬施作前，应对茬面涂少量沥青并预热。

13.6.25 热拌沥青混合料路面应待摊铺层自然降温至表面温度低于 50 ℃ 后，方可开放交通。

13.6.26 沥青贯入式面层应符合下列规定：

1 沥青贯入式面层施工应符合下列规定：

1）施工前应将基层清扫干净，并对路缘石、检查井等采取防止喷洒沥青污染的措施。

2）各工序应紧密衔接，当日的作业段宜当日完成。

3）沥青贯入式面层，宜在干燥和较热的季节施工，并宜在日最高温度低于 15 ℃ 到来以前半个月结束。

4）各层集料必须保持干燥、洁净，喷洒沥青宜在 3 级（含）风以下进行。

5）沥青贯入式面层碾压定形后，应通过有序开放交通，并控制车速碾压成型。开放交通后发现泛油时，应撒嵌缝料处理。

2 沥青贯入式面层应按贯入深度并根据实践经验与试验，选择主层及其他各层的集料粒径与沥青用量。主层集料中大于颗粒范围中值的不得小于 50%。

3 沥青贯入式面层的原材料应符合下列规定：

1）沥青材料宜选道路用 B 级沥青或由其配制的快裂喷洒型阳离子乳化沥青（PC-1）或阴离子乳化沥青（PA-1）。

2）集料应选择有棱角、嵌挤性好的坚硬石料；当使用破碎砾石时，具有一个破碎面的颗粒应大于 80%，两个或两个以上破碎面应大于 60%。主集料的最大粒径应与结构层厚相匹配。

4 沥青贯入式面层材料规格和用量宜符合表 13.6.26 的规定。

表 13.6.26 沥青贯入式面层材料规格和用量

沥青品种	石油沥青										乳化沥青			
厚度(cm)	4		5		6		7		8		4		5	
规格和用量	规格	用量	规格	用量	规格	用量	规格	用量	规格	用量	规格	用量	规格	用量
封层料	S14	3~5	S14	3~5	S13(S14)	4~6	S13(S14)	4~6	S13(S14)	4~6	S13(S14)	4~6	S14	4~6
第五遍沥青		—		—		—		—		—		—		0.8~1.0
第四遍沥青		—		—		—		—		—		—	S14	5~6
第三遍嵌封料	—		—		—		—		—		S14	5~6	S12	7~9
第三遍沥青		—		1.0~1.2		1.0~1.2		1.0~1.2		1.0~1.2		1.4~1.6		1.5~1.7
第二遍嵌封料	S12	6~7	S11(S10)	10~12	S11(S10)	10~12	S10(S11)	11~13	S10(S11)	11~13	S12	7~8	S10	9~11
第二遍沥青		1.6~1.8		1.8~2.0		2.0~2.2		2.4~2.6		2.6~2.8		1.6~1.8		1.6~1.8
第一遍嵌封料	S10(S9)	12~14	S8	12~14	S8	16~18	S8(S6)	18~20	S8(S6)	20~22	S9	12~14	S8	10~12
第一遍沥青		1.8~2.1		1.6~1.8		2.8~3		3.3~3.5		4.0~4.2		2.2~2.4		2.6~2.8
主层石料	S5	45~50	S4	55~60	S3(S4)	66~76	S2	80~90	S1(S2)	95~100	S5	40~50	S4	50~55
沥青总用量	4.4~5.1		5.2~5.8		5.8~6.4		6.7~7.3		7.3~8.2		6.0~6.8		7.4~8.5	

注：表中乳化沥青用量是指乳液的用量，并适用于乳液深度约为60%的情况，如果深度不同，用量应予换算。

5　主层粒料的摊铺和碾压应符合本规程第13.5.26条第2款、第3款的有关规定。

6　各层沥青的洒布应符合本规程第13.6.3条的有关规定。

7　沥青或乳化沥青的浇洒温度应根据沥青标号及气温情况选择。采用乳化沥青时，应在碾压稳定后的主集料上先撒布一部分嵌缝料，当需要加快破乳速度时，可将乳液加温，乳液温度不得超过

60 ℃。每层沥青完成浇洒后，应立即撒布相应的嵌缝料，嵌缝料应撒布均匀。使用乳化沥青时，嵌缝料撒布应在乳液破乳前完成。

8 嵌缝料撒布后应立即用 8 t ~ 12 t 钢筒式压路机碾压，碾压时应随压随扫，使嵌缝料均匀嵌入。

9 终碾后待自然冷却，表面温度低于 50 ℃ 后方可开放交通。

10 沥青贯入式面层应进行初期养护。泛油时应及时处理。

11 沥青贯入式结构作道路基层或联结层时，可不撒表面封层料。

13.6.27 沥青表面处治面层应符合下列规定：

1 沥青表面处治面层施工应符合下列一般规定：

1）施工前应将基层清扫干净，并对路缘石、检查井等采取防止喷洒沥青污染的措施。

2）各工序应紧密衔接，当日的作业段宜当日完成。

3）沥青表面处治面层，宜在干燥和较热的季节施工，并宜在日最高温度低于 15 ℃ 到来以前半个月结束。

4）各层集料必须保持干燥、洁净，喷洒沥青宜在 3 级（含）风以下进行。

5）沥青表面处治面层碾压定形后，应通过有序开放交通，并控制车速碾压成形。开放交通后发现泛油时，应撒嵌缝料处理。

2 沥青表面处治面层使用的道路石油沥青、乳化沥青的种类、标号和集料的质量规格应符合设计及本规程规定，适应当地环境条件。

3 沥青表面处治的集料最大粒径应与处治层的厚度相等。

4 沥青表面处治面层用材料规格与用量宜符合表 13.6.27 的规定。

表 13.6.27　沥青表面处治材料规格和用量

材料用量			石油沥青						乳化沥青					
			第一层		第二层		第三层		第一层		第二层		第三层	
			规格	用量	规格	用量	规格	用量	规格	用量	规格	用量	规格	用量
厚度（mm）	单层式	5	—	—	—	—	—	—	▲ S14	0.9~1.0 7~9	—	—	—	—
		10	● S12	1.0~1.2 7~9	—	—	—	—	—	—	—	—	—	—
		15	● S10	1.4~1.6 12~14	—	—	—	—	—	—	—	—	—	—
	双层式	10	—	—	—	—	—	—	▲ S10	1.8~2.0 9~11	▲ S14	1.0~1.2 4~6	—	—
		15	● S10	1.4~1.6 12~14	● S12	1.0~1.2 7~8	—	—	—	—	—	—	—	—
		20	● S9	1.6~1.8 16~18	● S12	1.2~1.4 7~8	—	—	—	—	—	—	—	—
		30	● S8	1.8~2.0 18~20	● S12	1.2~1.4 7~8	—	—	—	—	—	—	—	—
	三层式	25	● S8	1.6~1.8 18~20	● S10	1.2~1.4 7~8	● S12	1.0~1.2 12~14	—	—	—	—	—	—
		30	● S6	1.8~2.0 20~22	● S10	1.2~1.4 12~14	● S10	1.0~1.2 7~8	▲ S6	2.0~2.2 20~22	▲ S10	1.2~2.0 9~11	▲ S12 S14	1.0~1.2 4~6 3.5~4.5

注：1　用量单位：集料：$m^3/1\,000\ m^2$；沥青及乳化沥青：kg/m^2。

2　表中的乳化沥青用量按乳化沥青蒸发残留物含量的 60%计算，如沥青含量不同应予以折算。

3　在高宽地区及干旱风沙大的地区，可超出高限 5%~10%。

4　●代表沥青，▲代表乳化沥青。

5　Sn 代表级配集料规格。

5 在清扫干净的碎石或砾石路面上铺筑沥青表面处治面层时，应喷洒透层油。

6 施工沥青表面处治面层，宜采用沥青洒布车及集料撒布机联合作业。喷洒沥青，应保持稳定速度和喷洒量，洒布宽度应均匀。

7 沥青表面处治施工各工序应紧密衔接，撒布各层沥青均应立即用集料撒布机撒布相应的集料。每个作业段长度应根据施工能力确定，并在当天完成。人工撒布集料时，应等距离划分段落备料。

8 沥青表面处治面层的沥青撒布温度应根据气温及沥青标号选择，石油沥青宜为 130 ℃ ~ 170 ℃，乳化沥青乳液温度不宜超过 60 ℃。洒布车喷洒沥青纵向搭接宽度宜为 10 cm ~ 15 cm，撒布各层沥青的搭接缝应错开。

9 碾压应符合本规程第 13.5.26 条第 3 款的有关规定。嵌缝料应采用轻、中型压路机边碾压、边扫墁，及时追补集料，集料表面不得撒落沥青。

10 沥青表面处治应在碾压结束后开放交通，初期管理与养护应符合本规程第 13.6.26 条的有关规定。

11 沥青表面处治施工后，初期养护用料宜为 S12（5 mm ~ 10 mm）碎石或 S14（3 mm ~ 5 mm）石屑、粗砂或小砾石，用量宜为 2 m³/1 000 m² ~ 3 m³/1 000 m²。

13.7 水泥混凝土面层

13.7.1 水泥混凝土面层的原材料应符合下列规定：

1 水泥应符合下列规定：

1）水泥应有出厂合格证（含化学成分、物理指标），并经复验合格，方可使用。

2）不同等级、厂牌、品种、出厂日期的水泥不得混存、混用。出厂期超过 3 个月或受潮的水泥，必须经过试验，合格后方可使用。

3）用于不同交通等级道路面层水泥的弯拉强度、抗压强度最小值应符合表 13.7.1-1 的规定。

表 13.7.1-1　园区道路面层水泥的弯拉强度、抗压强度最小值

龄期（d）	3	28
抗压强度（MPa）	16.0	42.5
弯拉强度（MPa）	3.5	6.5

4）水泥的化学成分、物理指标应符合表 13.7.1-2 的规定。

表 13.7.1-2　各交通等级路面用水泥的化学成分和物理指标

水泥性能	化学成分和物理指标	
铝酸三钙	不宜 > 9.0%	
铁铝酸三钙	不宜 < 12.0%	
游离氧化钙	不得 > 1.5%	
氧化镁	不得 > 6.0%	
三氧化硫	不得 > 4.0%	
碱含量	怀疑有碱活性集料时，≤0.6%；无碱活性集料时，≤1.0%	
混合材种类	不得掺窑灰、煤矸石、火山灰和黏土，有抗盐冻要求时不得掺石灰、石粉	
出磨时安定性	雷氏夹或蒸煮法检验必须合格	蒸煮法检验必须合格
标准稠度需水量	不宜 > 28%	不宜 > 30%
烧失量	不得 > 3.0%	不得 > 5.0%
比表面积	宜在 300 m^2/kg ~ 450 m^2/kg	
细度（80 μm）	筛余量 ≤10%	
初凝时间	≥1.5 h	
终凝时间	≤10 h	
28 d 干缩率[①]	不得 > 0.09%	不得 > 0.10%
耐磨性	≤3.6 kg/m^2	

注：①28 d 干缩率和耐磨性试验方法采用现行国家标准《道路硅酸盐水泥》GB 13693。

2 粗集料应符合下列规定：

1）粗集料应采用质地坚硬、耐久、洁净的碎石、砾石、破碎砾石，并应符合表13.7.1-3的规定。

表13.7.1-3　粗集料技术指标

项目	技术要求	
	Ⅰ级	Ⅱ级
碎石压碎指标（%）	<10	<15
砾石压碎指标（%）	<12	<14
坚固性（按质量损失计，%）	<5	<8
针片状颗粒含量（按质量计，%）	<5	<15
含泥量（按质量计，%）	<0.5	<1.0
泥块含量（按质量计，%）	<0	<0.2
有机物含量（比色法）	合格	合格
硫化物及硫酸盐（按SO_3质量计，%）	<0.5	<1.0
空隙率	<47%	
碱集料反应	经碱集料反应试验后无裂缝、酥缝、胶体外溢等现象，在规定试验龄期的膨胀率小于0.10%	
抗压强度（MPa）	火成岩≥100，变质岩≥80，水成岩≥60	
吸水率	≤1.0%	

2）粗集料宜采用人工级配。其级配范围宜符合表13.7.1-4的规定。

表13.7.1-4　人工合成级配范围

级配	方筛孔尺寸（mm）							
	2.36	4.75	9.50	16.0	19.0	26.5	31.5	37.5
	累计筛余（以质量计）（%）							
4.75~16	95~100	85~100	40~60	0~10	—	—	—	—
4.75~19	95~100	85~95	60~75	30~45	0~5	0	—	—
4.75~26.5	95~100	90~100	70~90	50~70	25~40	0~5	0	—
4.75~31.5	95~100	90~100	75~90	60~75	40~60	20~35	0~5	0

140

3）粗集料的最大公称粒径，碎砾石不得大于 26.5 mm，碎石不得大于 31.5 mm 砾石不宜大于 19.0 mm；钢纤维混凝土粗集料最大粒径不宜大于 19.0 mm。

3 细集料应符合下列规定：

1）宜采用质地坚硬、细度模数在 2.5 以上、符合级配规定的洁净粗砂、中砂。

2）砂的技术要求应符合表 13.7.1-5 的规定。

表 13.7.1-5　砂的技术指标

项目			技术要求					
颗料级配	筛孔尺寸（mm）		粒径（mm）					
			0.15	0.30	0.60	1.18	2.36	4.75
	累计筛余量（%）	粗砂	90～100	80～95	71～85	35～65	5～35	0～10
		中砂	90～100	70～92	41～70	10～50	0～25	0～10
		细砂	90～100	55～85	16～40	10～25	0～15	0～10
泥土杂物含量（冲洗法）（%）			＜2					
硫化物和硫酸盐含量（折算为 SO_3）（%）			＜0.5					
氯化物（氯离子质量计）			≤0.01		≤0.02		≤0.06	
有机物含量（比色法）			颜色不应深于标准溶液的颜色					
其他杂物			不得混有石灰、煤渣、草根等其他杂物					

3）使用机制砂时，除应满足表 13.7.1-5 的规定外，还应检验砂磨光值，其值宜大于 35，不宜使用抗磨性较差的水成岩类机制砂。

4　水应使用饮用水及不含油类等杂质的清洁中性水，pH 值为 6～8。

5　外加剂应符合下列规定：

1）外加剂宜使用无氯盐类的防冻剂、引气剂、减水剂等。

2）外加剂应符合现行国家标准《混凝土外加剂》GB 8076 的有关规定，并应有合格证。

3）使用外加剂应经掺配试验，并应符合现行国家标准《混凝土外加剂应用技术规范》GB 50119 的有关规定。

6 钢筋应符合下列规定：

1）钢筋的品种、规格、成分，应符合设计和国家现行标准规定，应具有生产厂的牌号、炉号、检验报告和合格证，并经复试（含见证取样）合格。

2）钢筋不得有锈蚀、裂纹、断伤和刻痕等缺陷。

3）钢筋应按类型、直径、钢号、批号等分别堆放，并应避免油污、锈蚀。

7 用于混凝土路面的钢纤维应符合下列规定：

1）单丝钢纤维抗拉强度不宜小于 600 MPa。

2）钢纤维长度应与混凝土粗集料最大公称粒径相匹配，最短长度不宜大于粗集料最大公称粒径的 1/3；最大长度不宜大于粗集料最大公称粒径的 2 倍，钢纤维长度与标称值的偏差不得超过 ±10%。

3）宜使用经防蚀处理的钢纤维，严禁使用带尖刺的钢纤维。

4）应符合现行行业标准《混凝土用钢纤维》YB/T 151 的有关要求。

8 传力杆（拉杆）、滑动套材质、规格应符合规定。可用镀锌铁皮管、硬塑料管等制作滑动套。

9 胀缝板宜采用厚 20 mm、水稳定性好、具有一定柔性的板材制作，且经防腐处理。

10 填缝材料宜用树脂类、橡胶类、聚氯乙烯胶泥类、改性沥青类填缝材料，并宜加入耐老化剂。

13.7.2 混凝土面层的配合比应满足弯拉强度、工作性、耐久性三项技术要求。

13.7.3 混凝土配合比设计应符合下列规定：

1 混凝土弯拉强度应符合下列要求：

1） 各交通等级路面板的设计 28 d 弯拉强度标准值 $f_r \geqslant 4.5$ MPa。

2） 应按下式计算配制 28 d 弯拉强度的均值。

$$f_c = \frac{f_r}{1 - 1.04c_v} + t \times s \qquad (13.7.3\text{-}1)$$

式中 f_c——配制 28 d 弯拉强度的均值（MPa）。

f_r——设计弯拉强度标准值（MPa）。

s——弯拉强度试验样本的标准差（MPa）。

t——保证率系数，应按表 13.7.3-1 确定。

c_v——弯拉强度变异系数，应按统计数据在表 13.7.3-2 的规定范围内取值，在无统计数据时，弯拉强度变异系数应按设计取值。如果施工配制弯拉强度超出设计给定的弯拉强度变异系数上限，则必须改进机械装备和提高施工控制水平。

表 13.7.3-1　园区道路混凝土路面保证率系数（t）

判别概率 p	样本数 n（组）				
	3	6	9	15	20
0.15	0.72	0.46	0.37	0.28	0.24

表 13.7.3-2　园区道路混凝土路面弯拉强度变异系数（c_v）

混凝土变拉强度变异水平等级	中
弯拉强度变异系数（c_v）允许变化范围	0.10 ~ 0.15

2 不同摊铺方式混凝土最佳工作性范围及最大用水量应符合表 13.7.3-3 的规定。

表 13.7.3-3　不同摊铺方式混凝土工作性及用水量要求

混凝土类型	项目	摊铺方式			
		滑模摊铺机	轨道摊铺机	三轴机组摊铺机	小型机具摊铺
砾石混凝土	出机坍落度（mm）	20 ~ 40[①]	40 ~ 60	30 ~ 50	10 ~ 40
	摊铺坍落度（mm）	5 ~ 55[②]	20 ~ 40	10 ~ 30	0 ~ 20
	最大用水量（kg/m³）	155	153	148	145
碎石混凝土	出机坍落度（mm）	25 ~ 50[①]	40 ~ 60	30 ~ 50	10 ~ 40
	摊铺坍落度（mm）	10 ~ 65[②]	20 ~ 40	10 ~ 30	0 ~ 20
	最大用水量（kg/m³）	160	156	153	150

注：①为设超铺角的摊铺机。不设超铺角的摊铺机最佳坍落度砾石为 10 mm ~ 40 mm；碎石为 10 mm ~ 30 mm。

②为最佳工作性允许波动范围。

3 混凝土耐久性应符合下列规定：

1）路面混凝土含气量及允许偏差宜符合表 13.7.3-4 的规定。

表 13.7.3-4　路面混凝土含气量及允许偏差（%）

最大粒径（mm）	无抗冻性要求	有抗冻性要求
19.0	4.0 ± 1.0	5.0 ± 0.5
26.5	3.5 ± 1.0	4.5 ± 0.5
31.5	3.5 ± 1.0	4.0 ± 0.5

2）混凝土最大水灰比和最小单位水泥用量宜符合表 13.7.3-5 的规定。最大单位水泥用量不宜大于 400 kg/m³。

表 13.7.3-5　路面混凝土的最大水灰比和最小单位水泥用量

最大水灰比和最小单位水泥用量		技术要求
最大水灰比		0.46
抗冰冻要求最大水灰比		0.44
抗盐冻要求最大水灰比		0.42
最小单位水泥用量（kg/m³）	42.5 级水泥	300
	32.5 级水泥	310
抗冰（盐）冻时最小单位水泥用量（kg/m³）	42.5 级水泥	320
	32.5 级水泥	330

注：1　水灰比计算以砂石料的自然风干状态计（砂含水量≤1.0%，石子含水量≤0.5%）。

2　水灰比、最小单位水泥用量宜经试验确定。

3）寒冷地区路面混凝土抗冻标号不宜小于 F200。

4　路面混凝土外加剂的使用应符合下列规定：

1）高温施工时，混凝土搅拌物的初凝时间不得小于 3 h，低温施工时，终凝时间不得大于 10 h。

2）外加剂的掺量应由混凝土试配试验确定。

3）引气剂与减水剂或高效减水剂等外加剂复配在同一水溶液中时，不得发生絮凝现象。

5　配合比参数的计算应符合下列规定：

1）水灰比应按下列公式计算：

对碎石或碎砾石混凝土：

$$\frac{W}{C} = \frac{1.568\,4}{f_c + 1.009\,7 - 0.359\,5 f_s} \qquad (13.7.3-2)$$

对砾石混凝土：

$$\frac{W}{C} = \frac{1.261\,8}{f_c + 1.549\,2 - 0.470\,9 f_s} \qquad (13.7.3-3)$$

式中　W/C——水灰比；

　　　f_s——水泥实测 28 d 弯拉强度（MPa）；

　　　f_c——配制 28 d 弯拉强度的均值（MPa）。

水灰比应在满足弯拉强度计算值和耐久性（表 13.7.3-5）两者要求的水灰比中取小值。

2）砂率应根据砂的细度模数和粗集料种类，查表 13.7.3-6 取值。

表 13.7.3-6　砂的细度模数与最优砂率关系

砂细度模数		2.2 ~ 2.5	2.5 ~ 2.8	2.8 ~ 3.1	3.1 ~ 3.4	3.4 ~ 3.7
砂率 S_P（%）	碎石	30 ~ 40	32 ~ 36	34 ~ 38	36 ~ 40	38 ~ 42
	砾石	28 ~ 32	30 ~ 34	32 ~ 36	34 ~ 38	36 ~ 40

注：碎砾石可在碎石和砾石之间内插取值。

3）根据粗集料种类和表 13.7.3-3 适宜的坍落度，分别按下列经验公式计算单位用水量（砂石料以自然风干状态计）：

不掺外加剂与掺和料的混凝土单位用水量应按公式（13.7.3-4）、（13.7.3-5）计算：

碎石：

$$W_0 = 104.97 + 0.309\,S_L + 11.27 C/W + 0.61\,S_P \qquad (13.7.3-4)$$

146

砾石：

$$W_0 = 86.89 + 0.370\,S_L + 11.24C/W + 1.00\,S_P \qquad （13.7.3-5）$$

式中 W_0——不掺外加剂与掺和料的混凝土单位用水量（kg/m³）；

S_L——坍落度（mm）；

S_P——砂率（%）；

C/W——灰水比，水灰比之倒数。

掺外加剂的混凝土单位用水量应按公式（13.7.3-6）计算：

$$W_{ow} = W_0(1 - \beta/100) \qquad （13.7.3-6）$$

式中 W_{ow}——掺外加剂混凝土的单位用水量（kg/m³）；

β——所用外加剂剂量的实测减水率。

单位用水量应取计算值和表 13.7.3-3 的规定值两者中的小值。

4）单位水泥用量应由公式（13.7.3-7）计算，并取计算值与表 13.7.3-5 规定值的大值：

$$C_o = (C/W) \times W_0 \qquad （13.7.3-7）$$

式中 C_o——单位用水量（kg/m³）。

5）砂石料用量可按密度法或体积法计算。按密度法计算时，混凝土单位质量可取 2 400 kg/m³ ~ 2 450 kg/m³。按体积法计算时，应计入设计含气量。

6）采用真空脱水工艺时，可采用比经验公式（13.7.3-4）和式（13.7.3-5）计算值略大的单位用水量。在真空脱水后，扣除每立方米混凝土实际吸除的水量，剩余单位用水量和剩余水灰比分别不宜超过表 13.7.3-3 最大单位用水量和表 13.7.3-5 最大水灰比的规定。

13. 7. 4 钢纤维混凝土的配合比设计，应符合下列规定：

1 弯拉强度应符合下列规定：

1） 道路面板 28 d 设计弯拉强度标准值 f_{cf} ≥5.5 MPa。

2） 配制 28 d 弯拉强度的均值应按本规程式（13.7.3-1）计算，以 f_{cf} 和 f_{rf} 代替 f_c 和 f_r。

2 混凝土工作性应符合下列规定：

1） 坍落度可比本规程表 13.7.3-3 的规定值小 20 mm。

2） 掺高效减水剂时的单位用水量可按表 13.7.4-1 初选，再由搅拌物实测坍落度确定。

表 13.7.4-1　钢纤维混凝土单位用水量

搅拌物条件	粗集料种类	粗集料最大公称粒径 D_m（mm）	单位用水量（kg/m³）
长径比 L_f/d_f = 50，ρ_f = 0.6%，坍落度 20 mm，中砂，细度模数 2.5，水灰比 0.42 ~ 0.50	碎石	9.5，16.0	215
		19.0，26.5	200
	砾石	9.5，16.0	208
		19.0，26.5	190

注：1　钢纤维长径比每增减 10，单位用水量相应增减 10 kg/m³。

2　钢纤维体积率每增减 0.5%，单位用水量相应增减 8 kg/m³。

3　坍落度在 10 mm ~ 50 mm 内变化时，相对于坍落度 20 mm 每增减 10 mm，单位用水量相应增减 7 kg/m³。

4　细度模数在 2.0 ~ 3.5 内时，砂的细度模数每增减 0.1，单位用水量相应减增 1 kg/m³。

5　ρ_f 为钢纤维掺量体积率。

3 混凝土耐久性应符合下列规定：

1）路面混凝土含气量及允许偏差宜符合表 13.7.4-2 的规定。

表 13.7.4-2　路面混凝土含气量及允许偏差（%）

最大公称粒径（mm）	无抗冻性要求	有抗冻性要求
19.0	4.0 ± 1.0	5.0 ± 0.5
26.5	3.5 ± 1.0	4.5 ± 0.5
31.5	3.5 ± 1.0	4.0 ± 0.5

2）最大水灰比和最小单位水泥用量应符合表 13.7.4-3 的规定。

表 13.7.4-3　路面钢纤维混凝土的最大水灰比和最小单位水泥用量

最大水灰比		0.49
抗冰冻要求最大水灰比		0.46
抗盐冻要求最大水灰比		0.43
最小单位水泥用量（kg/m³）	42.5 级水泥	360
	32.5 级水泥	370
抗冰（盐）冻要求最小单位水泥用量（kg/m³）	42.5 级水泥	380
	32.5 级水泥	390

4　配合比设计步骤应符合下列规定：

1）计算和确定水灰比应符合下列要求：以钢纤维混凝土配制 28 d 弯拉强度 f_{cf} 替换 f_c，按本规程公式（13.7.3-2）或式（13.7.3-3）计算出基体混凝土的水灰比，取钢纤维混凝土基体水灰比计算值与表（13.7.4-3）规定值两者中的小值。

2）钢纤维掺量体积率宜在 0.60% ~ 1.00% 内初选，当板厚折减系数小时，体积率宜取上限，当长径比大时，宜取较小值，有镦端者宜取较小值。

3）查表 13.7.4-3，初选单位用水量 W_{of}。

4） 钢纤维混凝土的单位水泥用量应按公式 13.7.4-1 计算：

$$C_{of} = (C/W)W_{of} \qquad (13.7.4-1)$$

式中　C_{of}——钢纤维混凝土的单位水泥用量（kg/m³）。

　　　W_{of}——钢纤维混凝土的单位用水量（kg/m³）。

取计算值与表 13.7.4-1 规定值两者中的大值，但不宜大于 500 kg/m³。

5） 砂率可按公式（13.7.4-2）计算，也可按表（13.7.4-4）初选。钢纤维混凝土砂率宜在 38% ~ 50%。

表 13.7.4-4　钢纤维混凝土砂率选用值（%）

搅拌物条件	最大公称粒径 19 mm 碎石	最大公称粒径 19 mm 砾石
$L_f/d_f = 50$；$\rho_f = 1.0\%$；$W/C = 0.5$；砂细度模数 $M_x = 3.0$	45	40
L_f/d_f 增减 10	± 5	± 3
ρ_f 增减 0.10%	± 2	± 2
W/C 增减 0.1	± 2	± 2
砂细度模数 M_x 增减 0.1	± 1	± 1

$$S_{Pf} = S_P + 10\rho_f \qquad (13.7.4-2)$$

式中　S_{Pf}——钢纤维混凝土砂率（%）；

　　　ρ_f——钢纤维掺量体积率（%）。

6） 砂石料用量可采用密度法或体积法计算，按密度法计算时，钢纤维混凝土单位质量可取 2 450 kg/m³ ~ 2 580 kg/m³，按体积法计算时，应计入设计含气量。

13.7.5 混凝土配合比确定与调整应符合下规定：

1 计算的普通混凝土、钢纤维混凝土配合比，应在实验室内经试验检验抗弯强度、坍落度、含气量等配合比设计的各项指标，并根据结果进行配合比调整。

2 实验室的基准配合比应通过搅拌机实际搅拌检验，并经试验段的验证。

3 配合比调整时，水灰比不得增大，单位水泥用量、钢纤维体积率不得减小。

4 施工期间应根据气温和运距等的变化，微调外加剂掺量，微调加水量与砂石料称量。

5 当需要掺加粉煤灰时，对粉煤灰原材料及配合比设计的其他相关要求应参照国家现行标准《公路水泥混凝土路面施工技术规范》JTG F30 的有关规定执行。

13.7.6 水泥混凝土面层施工准备应符合下列规定：

1 施工前，应按设计规定划分混凝土板块，板块划分应从路口开始，必须避免出现锐角。曲线段分块，应使横向分块线与该点法线方向一致。直线段分块线应与面层胀、缩缝结合，分块距离宜均匀。分块线距检查井盖的边缘，宜大于 1 m。

2 混凝土摊铺前，应完成下列准备工作：

1）混凝土施工配合比已获监理工程师批准，搅拌站经试运转，确认合格。

2）模板支设完毕，检验合格。

3）混凝土摊铺、养护、成形等机具试运行合格，专用器材已准备就绪。

4）运输与现场浇筑通道已按要求修筑。

13.7.7 模板与钢筋应符合下列规定：

1 模板应符合下列规定：

1）模板应与混凝土的摊铺机械相匹配，模板高度应为混凝土板设计厚度。

2）钢模板应直顺、平整，每 1 m 设置 1 处支撑装置。

3）木模板直线部分板厚不宜小于 5 cm，每 0.8 m～1 m 设 1 处支撑装置，弯道部分板厚宜为 1.5 cm～3 cm，每 0.5 m～0.8 m 设 1 处支撑装置，模板与混凝土接触面及模板顶面应刨光。

4）模板制作允许偏差应符合表 13.7.7-1 的规定。

表 13.7.7-1　模板制作允许偏差

检测项目	施工方式	
	摊铺机	小型机具
高度（mm）	±1	±2
局部变形（mm）	±2	±3
两垂直边夹角（°）	90±1	90±3
顶面平整度（mm）	±1	±2
侧面平整度（mm）	±2	±3
纵向直顺度（mm）	±1	±3

2 模板安装应符合下列规定：

1）支模前应核对路面标高、面板分块、胀缝和构造物位置。

2）模板应安装稳固、顺直、平整，无扭曲，相邻模板连接应紧密平顺，不得错位。

3）严禁在基层上挖槽嵌入模板。

4）使用摊铺机应采用专用钢制轨模。

5）模板安装完毕，应进行检验，合格方可使用。其安装质量应符合表 13.7.7-2 的规定。

表 13.7.7-2 模板安装允许偏差

检测项目	允许偏差		检验频率		检验方法
	摊铺机	小型机具	范围	点数	
中线偏位（mm）	≤5	≤15	100 m	2	用经纬仪、钢尺量
宽度（mm）	≤5	≤15	20 m	1	用钢尺量
顶面高程（mm）	±5	±10	20 m	1	用水准仪具量测
横坡（%）	±0.10	±0.20	20 m	1	用钢尺量
相邻板高差（mm）	≤1	≤2	每缝	1	用水平尺、塞尺量
模板接缝宽度（mm）	≤2	≤3	每缝	1	用钢尺量
侧面垂直度（mm）	≤2	≤4	20 m	1	用水平尺、卡尺量
纵向顺直度（mm）	≤2	≤4	40 m	1	用 20 m 线和钢尺量
顶面平整度（mm）	≤1	≤2	每两缝间	1	用 3 m 直尺、塞尺量

3 钢筋安装应符合下列规定：

1） 钢筋安装前应检查其原材料品种、规格与加工质量，确认符合设计规定。

2） 钢筋网、角隅钢筋等安装应牢固、位置准确。钢筋安装后应进行检查，合格后方可使用。

3） 传力杆安装应牢固、位置准确。胀缝传力杆应与胀缝板、提缝板一起安装。

4） 钢筋加工允许偏差应符合表 13.7.7-3 的规定。

表 13.7.7-3 钢筋加工允许偏差

项目	焊接钢筋网及骨架允许偏差（mm）	绑扎钢筋网及骨架允许偏差（mm）	检验频率		检验方法
			范围	点数	
钢筋网的长度与宽度	±10	±10	每检验批	抽查 10%	用钢尺量
钢筋网眼尺寸	±10	±20			用钢尺量
钢筋骨架宽度及高度	±5	±5			用钢尺量
钢筋骨架的长度	±10	±10			用钢尺量

5）钢筋安装允许偏差应符合表 13.7.7-4 的规定。

表 13.7.7-4　钢筋安装允许偏差

项　　目		允许偏差（mm）	检验频率		检验方法
			范围	点数	
受力钢筋	排距	± 5	每检验批	抽查 10%	用钢尺量
	间距	± 10			
钢筋弯起点位置		20			用钢尺量
箍筋、横向钢筋间距	绑扎钢筋网及钢筋骨架	± 20			用钢尺量
	焊接钢筋网及钢筋骨架	± 10			
钢筋预埋位置	中心线位置	± 5			用钢尺量
	水平高差	± 3			
钢筋保护层	距表面	± 3			用钢尺量
	距底面	± 5			

4　混凝土抗压强度达 8.0 MPa 及以上方可拆模。当缺乏强度实测数据时，侧模允许最早拆模时间宜符合表 13.7.7-5 的规定。

表 13.7.7-5　混凝土面板的允许最早拆模时间（h）

昼夜平均气温	− 5 ℃	0 ℃	5 ℃	10 ℃	15 ℃	20 ℃	25 ℃	≥30 ℃
硅酸盐水泥、R 型水泥	240	120	60	36	34	28	24	18
道路、普通硅酸盐水泥	360	168	72	48	36	30	24	18
矿渣硅酸盐水泥	—	—	120	60	50	45	36	24

注：允许最早拆侧模时间从混凝土面板精整成形后开始计算。

13.7.8　混凝土搅拌与运输应符合下列规定：

1　面层用混凝土宜采用集中搅拌站供应；

2　现场自行设立搅拌站应符合下列规定：

1）搅拌站应具备供水、供电、排水、运输道路和分仓堆放砂石料及搭建水泥仓的条件。

2）搅拌站宜设有计算机控制数据信息采集系统。搅拌设备配料计量偏差应符合表 13.7.8-1 的规定。

表 13.7.8-1　搅拌设备的计量允许偏差（%）

材料名称	水泥	掺合料	钢纤维	砂	粗集料	水	外加剂
计量允许偏扁（%）	±2	±2	±2	±3	±3	±2	±2

3）搅拌站管理、生产和运输能力，应满足浇筑作业需要。从搅拌站至浇筑地点搅拌料的运输时间不宜超过表 13.7.8-2 的规定。

表 13.7.8-2　混凝土拌和物出料到运输、铺筑完毕允许最长时间

施工气温[①]（℃）	到运输完毕允许最长时间（h）		到铺筑完毕允许最长时间（h）	
	滑模、轨道	三轴、小机具	滑模、轨道	三轴、小机具
5 ~ 9	2.0	1.5	2.5	2.0
10 ~ 19	1.5	1.0	2.0	1.5
20 ~ 29	1.0	0.75	1.5	1.25
30 ~ 35	0.75	0.50	1.25	1.0

注：表中①指施工时间的日间平均气温，使用缓凝剂延长凝结时间后，本表数值可增加 0.25 h ~ 0.5 h。

3　混凝土搅拌应符合下列规定：

1）混凝土的搅拌时间应按配合比要求与施工对其工作性要求经试拌确定最佳搅拌时间。每盘最长总搅拌时间宜为 80 s ~ 120 s。

2）外加剂应稀释成溶液，均匀加入进行搅拌。当同时掺用引气剂时，宜通过试验适当增大引气剂掺量，以达到规定含气量。

3）混凝土应搅拌均匀，出仓温度应符合施工要求。

4 搅拌钢纤维混凝土，除应满足上述第 3 款的要求外，尚应符合下列规定：

1）当钢纤维体积率较高，搅拌物较干时，搅拌设备一次搅拌量不宜大于其额定搅拌量的 80%。

2）钢纤维混凝土的投料次序、方法和搅拌时间，应以搅拌过程中钢纤维不产生结团和满足使用要求通过试拌确定。

3）钢纤维混凝土严禁用人工搅拌。

5 施工中应根据运距、混凝土搅拌能力、摊铺能力确定运输车辆的数量与配置。

6 不同摊铺工艺的混凝土搅拌物从搅拌机出料到运输、铺筑完毕的允许最长时间应符合表 13.7.8-2 的规定。

13.7.9 混凝土铺筑前应检查下列项目：

1 基层或砂垫层表面、模板位置、高程等符合设计要求。模板支撑接缝严密、模内洁净、隔离剂涂刷均匀。

2 钢筋、预埋胀缝板的位置正确，传力杆等安装符合要求。

3 混凝土搅拌、运输与摊铺设备，状况良好。

13.7.10 采用摊铺机铺筑时，最小摊铺宽度不宜小于 3.75 m，并应符合下列规定：

1 应根据设计车数或广场宽度按表 13.7.10-1 的技术参数选择摊铺机。

表 13.7.10-1　摊铺机的基本技术参数

项目	发动机功率（kW）	最大摊铺宽度（m）	摊铺厚度（mm）	摊铺速度（m/min）	整机质量（t）
三车道轨道摊铺机	33～45	11.75～18.3	250～600	1～3	13～38
双车道轨道摊铺机	15～33	7.5～9.0	250～600	1～3	7～13
单车道轨道摊铺机	8～22	3.5～4.5	250～450	1～4	≤7

2　坍落度宜控制在 20 mm～40 mm。不同坍落度的松铺系数（K）可参考表 13.7.10-2 确定，并按此计算出松铺高度。

表 13.7.10-2　松铺系数（K）与坍落度（S_L）的关系

坍落度 S_L（mm）	5	10	20	30	40	50	60
松铺系数 K	1.30	1.25	1.22	1.19	1.17	1.15	1.12

3　当施工钢筋混凝土面层时，宜选用两台箱型轨道摊铺机分两层两次布料。下层混凝土的布料长度应根据钢筋网片长度和混凝土凝结时间确定，且不宜超过 20 m。

4　振实作业应符合下列规定：

1）轨道摊铺机应配备振捣器组，当面板厚度超过 150 mm、坍落度小于 30 mm 时，必须插入振捣。

2）轨道摊铺机应配备振动梁或振动板对混凝土表面进行振捣和修整。使用振动板振动提浆饰面时，提浆厚度宜控制在（4±1）mm。

5　面层表面整平时，应及时清除余料，用抹平板完成表面整修。

13.7.11　人工小型机具施工水泥混凝土路面层，应符合下列规定：

1 混凝土松铺系数宜控制在 1.10 ~ 1.25。

2 摊铺厚度达到混凝土板厚的 2/3 时，应拔出模内钢钎，并填实钎洞。

3 混凝土面层分两次摊铺时，上层混凝土的摊铺应在下层混凝土初凝前完成，且下层厚度宜为总厚的 3/5。

4 混凝土摊铺应与钢筋、传力杆及边缘角隅钢筋的安放相配合。

5 一块混凝土板应一次连续浇筑完毕。

6 混凝土使用插入式振捣器振捣时，不得过振，且振动时间不宜少于 30 s，移动间距不宜大于 50 cm。使用平板振捣器振捣时应重叠 10 cm ~ 20 cm，振捣器行进速度应均匀一致。

7 真空脱水作业应符合下列规定：

1）真空脱水应在面层混凝土振捣后、抹面前进行。

2）开机后应逐渐升高真空度，当达到要求的真空度，开始正常出水后，真空度应保持稳定，最大真空度不宜超过 0.085 MPa，待达到规定脱水时间和脱水量时，应逐渐减小真空度。

3）真空系统安装与吸水垫旋转位置，应便于混凝土摊铺与面层脱水，不得出现未经吸水的脱空部位。

4）混凝土试件，应与吸水作业同条件制作、同条件养护。

5）真空吸水作业后，应重新压实整平，并拉毛、压痕或刻痕。

8 成活应符合下列规定：

1）现场应采取防风、防晒等措施；抹面拉毛等应在跳板上进行，抹面时严禁在板面上洒水、撒水泥粉。

2）采用机械抹面时，真空吸水完成后即可进行，先用带有浮动圆盘的重型抹面机粗抹，再用带有振动圆盘的轻型抹面机或人工细抹一遍。

    3）混凝土抹面不宜少于 4 次，先找平抹平，待混凝土表面无泌水时再抹面，并依据水泥品种与气温控制抹面间隔时间。

13.7.12 混凝土面层如压痕或刻痕，其平均纹理深度应为 1 mm ~ 2 mm。

13.7.13 横缝施工应符合下列规定：

    1 胀缝间距应符合设计规定，缝宽宜为 20 mm。在与结构物衔接处、道路交叉和填挖土方变化处，应设胀缝。

    2 胀缝上部的预留填缝空隙，宜用提缝板留置。提缝板应直顺，与胀缝板密合、垂直于面层。

    3 缩缝应垂直板面，宽度宜为 4 mm ~ 6 mm。切缝深度：设传力杆时，不得小于面层厚的 1/3，且不得小于 70 mm，不设传力杆时不得小于面层厚的 1/4，且不得小于 60 mm。

    4 机切缝时，宜在水泥混凝土强度达到设计强度的 25% ~ 30% 时进行。

13.7.14 施工现场的气温高于 30 ℃、搅拌物温度在 30 ℃ ~ 35 ℃、空气相对湿度小于 80% 时，搅拌物中宜掺缓凝剂、保塑剂或缓凝减水剂等。切缝应视混凝土强度的增长情况，比常温施工适度提前。铺筑现场宜设遮阳棚。

13.7.15 当混凝土面层施工采取人工抹面时，遇有 5 级及以上风应停止施工。

13.7.16 面层养护与填缝应符合下列规定：

1 水泥混凝土面层成活后，应及时养护。可选用保湿法和塑料薄膜覆盖等方法养护。气温较高时，养护不宜少于 14 d，低温时，养护期不宜少于 21 d。

2 昼夜温差大的地区，应采取保温、保湿的养护措施。

3 养护期间应封闭交通，不得堆放重物；养护终结，应及时清除面层养护材料。

4 混凝土板在达到设计强度的 40%以后，方可允许行人通行。

5 填缝应符合下列要求：

1）混凝土板养护期满后应及时填缝，缝内遗留的砂石、灰浆等杂物，应剔除干净。

2）应按设计要求选择填缝料，并根据填料品种制定工艺技术措施。

3）浇筑填缝料必须在缝槽干燥状态下进行，填缝料应与混凝土缝壁黏附紧密，不渗水。

4）填缝料的充满度应根据施工季节而定，常温施工应与路面平，冬期施工，宜略低于板面。

6 面层混凝土弯拉强度达到设计强度，且填缝完成后，方可开放开通。

13.8 铺砌式面层

13.8.1 料石面层应符合下列规定：

1 开工前，应选用符合设计要求的料石。料石加工尺寸允许偏差应符合表 13.8.1 的规定。

表 13.8.1　料石加工尺寸允许偏差

项目	允许偏差（mm）	
	粗面材	细面材
长、宽	0 −2	0 −1.5
厚（高）	+1 −3	±1
对角线	±2	±2
平面度	±1	±0.7

　　2　广场施工宜以雨水口及排水坡度分界线的高程控制面层铺装坡度，面层与周围建（构）筑物、路口应接顺，不得积水。

　　3　砌筑砂浆中采用的水泥、砂、水应符合下列规定：

　　1）宜采用现行国家标准《硅酸盐水泥、普通硅酸盐水泥》GB 175 或《矿渣硅酸盐水泥、火山灰质硅酸盐水泥及粉煤灰硅酸盐水泥》GB 1344 中规定的水泥。

　　2）宜用质地坚硬、干净的粗砂或中砂，含泥量应小于 5%。

　　3）搅拌用水应使用饮用水及不含油类等杂质的清洁中性水，pH 值宜为 6 ~ 8。

　　4　铺砌应采用干硬性水泥砂浆，虚铺系数应经试验确定。

　　5　铺砌控制基线的设置距离，直线段宜为 5 m ~ 10 m，曲线段应视情况适度加密。

　　6　当采用水泥混凝土做基层时，铺砌面层胀缝应与基层胀缝对齐。

　　7　铺砌中砂浆应饱满，且表面平整、稳定、缝隙均匀，与检查井等构筑物相接时，应平整、美观，不得反坡，不得用在料石下填塞砂浆或支垫方法找平。

8 伸缩缝材料应安放平直，并应与料石粘贴牢固。

9 在铺装完成并检查合格后，应及时灌缝。

10 铺砌面层完成后，必须封闭交通，并应湿润养护，当水泥砂浆达到设计强度后，方可开放交通。

13.8.2 预制混凝土砌块面层应符合下列规定：

1 预制砌块表面应平整、防滑，技术性能应符合下列规定：

1） 砌块的弯拉或抗压强度应符合设计规定。当砌块边长与厚度比小于 5 时应以抗压强度控制。

2） 砌块的耐磨性试验磨坑长度不得大于 35 mm，吸水率应小于 8%，其抗冻性应符合设计规定。

3） 砌块加工尺寸与外观质量允许偏差应符合表 13.8.2 的规定。

表 13.8.2　砌块加工尺寸与外观质量允许偏差

项目		单位	允许偏差
长度、宽度		mm	±2.0
厚度			±3.0
厚度差①			≤3.0
平整度			≤2.0
垂直度			≤2.0
正面黏皮及缺损的最大投影尺寸			≤5
缺棱掉角的最大投影尺寸			≤10
裂纹	非贯穿裂纹最大投影尺寸		≤10
	贯穿裂纹		不允许
分层		—	不允许
色差、杂色			不明显

注：①指同一砌块的厚度差。

2 混凝土预制砌块应具有出厂合格证、生产日期和混凝土原材料、配合比、弯拉、抗压强度试验结果资料。铺装前应进行外观检查与强度试验抽样检验。

3 砌筑砂浆所用水泥、砂、水的质量应符合本规程第 13.8.1 条第 3 款的有关规定。

4 混凝土砌块铺砌与养护应符合本规程第 13.8.1 条的有关规定。

13.9 人行道铺筑

13.9.1 人行道铺筑应符合下列规定：

1 本条适应于车行道两侧的人行道和与车行道高程顺接的人行步道的施工。

2 人行道与建（构）筑物相邻时，应顺接，不得反坡；人行道与绿化带、花园相邻时，按设计要求设置坡向。

3 在设计有盲道和无障碍通道的路面，应按设计和有关规范施工。

13.9.2 料石与预制砌块铺砌人行道面层应符合下列规定：

1 料石应表面平整、粗糙，色泽、规格、尺寸应符合设计要求，其抗压强度不小于 80 MPa，且应符合表 13.9.2-1 的要求。

表 13.9.2-1 石材物理性能和外观质量

	项目	单位	允许值	注
物理性能	饱和抗压强度	MPa	≥80	—
	饱和抗折强度	MPa	≥9	—
	体积密度	g/cm³	≥2.5	—
	磨耗率（狄法尔法）	%	<4	—

项目		单位	允许值	注
物理性能	吸水率	%	< 1	—
	孔隙率	%	< 3	—
外观质量	缺棱	个		面积不超过 5 mm×5 mm，每块板材
	缺角	个	1	面积不超过 2 mm×2 mm，每块板材
	色斑	个		面积不超过 15 mm×15 mm，每块板材
	裂纹	条	1	长度小于 10 mm
	坑窝	—	不明显	粗面板材的正面出现坑窝

注：表面纹理垂直于板边沿，不得有斜纹、乱纹现象，边沿直顺、四角整齐，不得有凹、凸不平现象。

2 料石加工尺寸允许偏差应符合表 13.9.2-2 的规定。

表 13.9.2-2 料石加工尺寸允许偏差

项目	允许偏差	
	粗面材	细面材
长、宽（mm）	± 1.5	± 1
厚（高）（mm）	+ 2 0	+ 1 0
对角线（mm）	± 2	± 1.5
平面度（mm）	± 0.7	± 0.4

3 水泥混凝土预制人行道砌块的抗压强度应符合设计规定，设计未规定时，不宜低于 30 MPa。砌块应表面平整、粗糙、纹路清晰、棱角整齐，不得有蜂窝、露石、脱皮等现象，彩色道砖应色彩均匀。预制人工道砌块加工尺寸与外观质量允许偏差应符合表 13.9.2-3 的规定。

表 13.9.2-3　预制人行道砌块加工尺寸与外观质量允许偏差

项目	允许偏差（mm）
长度、宽度（mm）	± 2.0
厚度（mm）	± 3.0
厚度差[①]（mm）	≤3.0
平面度（mm）	≤2.0
正面黏皮及缺损的最大投影尺寸（mm）	≤5
缺棱掉角的最大投影尺寸（mm）	≤10
非贯穿裂纹长度最大投影尺寸（mm）	≤10
贯穿裂纹（mm）	不允许
分层	不允许
色差、杂色	不明显

注：①指同一砌块的厚度差。

4　料石、预制砌块宜由预制厂生产，并应提供强度、耐磨性能试验报告及产品合格证。

5　预制人行道料石、砌块进场后，应经检验合格后方可使用。

6　预制人行道料石、砌块铺装应符合本规程第 13.8 节的有关规定。

13.9.3　沥青混合料铺筑人行道（含步道）面层应符合下列规定：

1　施工中应根据场地环境条件选择适宜的沥青混合料摊铺方式与压实机具。

2　压实度不得小于 95%，表面应平整，无明显轮迹。

3　施工中尚应符合本规程第 13.8 节的有关规定。

13.9.4　人行道路基施工应符合下列规定：

1　人行道路基是道路路基的组成部分，应做好基底处理、填料选择、强度要求及排水系统等方面综合设计。

2 对于不良土质和湿软土基及不利的施工环境，应采取相应的加强和改善措施。

3 人行道路基应均匀、密实和稳定，路基压实度应不小于轻型击实标准的90%。

4 人行道应充分利用沿线永久性排水设施，综合进行地表水和地下水的排水设计。

5 人行道铺装下埋设公用管线，铺装结构层下的覆土深度应不小于表13.9.4的规定。

表 13.9.4　人行道下管线最小覆土深度

管线名称	电力管线		电信管线		燃气管线	给水管线
	直埋	管沟	直埋	管沟		
人行道下最小覆土深度（m）	0.50	0.40	0.70	0.40	0.60	0.60

13.10　挡土墙

13.10.1 挡土墙应符合下列规定：

1 挡土墙基础地基承载力必须符合设计要求，且经检测验收合格后方可进行后续工序施工。

2 施工中应按设计规定施作挡土墙的排水系统、泄水孔、反滤层和结构变形缝。

3 当挡土墙墙面需立体绿化时，应按设计要求，做好防止挡土墙基础浸水下沉的施工。

4 土方施工应符合下列规定：

1） 施工中遇地下水时，应先将地下水降至基底以下　50 cm

方可继续施工,且降水应连续进行,直至工程完成到地下水位 50 cm 以上且具有抗浮力方可停止。

2)地基承载力应经检验确认符合设计。

3)变形缝、止水带安装应牢固,缝宽及填缝材料符合要求。

5 现浇混凝土基础施工,应符合下列规定:

1)基础结构下应设混凝土垫层,垫层混凝土宜为 C15 级,厚度宜为 10 cm ~ 15 cm。

2)模板的制作、安装与拆除应符合国家现行标准《城市桥梁工程施工及验收规范》CJJ 2 的有关规定。

6 挡土墙顶设帽石时,帽石安装应平顺、坐浆饱满、缝隙均匀,不得有松动。

7 当挡土墙顶部设有栏杆时,栏杆施工应符合国家现行标准《城市桥梁工程施工及验收规范》CJJ 2 的有关规定。

13.10.2 现浇钢筋混凝土挡土墙应符合下列规定:

1 模板、钢筋、混凝土施工应符合国家现行标准《城市桥梁工程施工及验收规范》CJJ 2 的有关规定。

2 挡土墙模板应进行施工图设计。

13.10.3 装配式钢筋混凝土挡土墙应符合下列规定:

1 挡土墙板安装应符合下列规定:

1)预制墙板的拼缝应与基础变形缝吻合。

2)墙板与基础采用焊接连接时,安装前应检查预埋件位置,墙板安装定位后,应及时焊接牢固,并对焊缝进行防腐处理。

3)墙板与基础采用混凝土湿接头连接时,应在基础杯口混凝土强度达到设计值的 75%以后进行。

4）墙板安装位置应准确、直顺，并与相邻板板面平齐，板缝与变形缝一致。

2 墙板灌缝应插捣密实，板缝外露面宜用相同强度的水泥砂浆勾缝，勾缝应密实、平顺。

13.10.4 砌体挡土墙应符合下列规定：

1 砌筑材料应符合下列规定：

1）石料、预制砌块强度、规格应符合设计规定。

2）砌筑应采用水泥砂浆。

3）宜采用 32.5～42.5 级硅酸盐水泥、普通硅酸盐水泥、矿渣水泥或火山灰水泥和质地坚硬、含泥量小于 5%的粗砂、中砂及饮用水拌制砂浆。

2 墙体砌筑应符合下列规定：

1）施工中宜采用立杆、挂线法控制砌体的位置、高程和垂直度。

2）砌筑砂浆的强度应符合设计要求。稠度宜按表 13.10.4控制，加入塑化剂时砌体强度降低不得大于 10%。

表 13.10.4　砌筑用砂浆稠度表

稠度（cm）	砌块种类		
	块石	料石	砖、砌块
正常条件	5～7	7～10	7～10
干热季节或石料砌块吸收率大	10	—	—

3 砌体每日连续砌筑高度不宜超过 1.2 m，分段砌筑时，分段位置应设在基础变形缝部位，相邻砌筑段高差不宜超过 1.2 m。

4 沉降缝嵌缝板安装应位置准确、牢固，缝板材料符合设计规定。

5 砌块应上下错缝、丁顺排列、内外搭接，砂浆应饱满。

13.10.5 加筋土挡土墙应符合下列规定：

1 现浇混凝土基础施工，应符合本规程 13.10.1 节的有关规定。

2 预制挡土墙板安装前应进行检验，确认合格。

3 加筋土应按设计规定选土，施工前应对所用土料进行物理、力学试验，不得用白垩土、硅藻土及腐殖土等。

4 施工前应对筋带材料进行拉拔、剪切、延伸性能复试，其指标符合设计规定方可使用。采用钢质拉筋时，应按设计规定作防腐处理。

5 安装挡墙板，应向路堤向倾斜，其斜度应符合设计要求。

6 施工中应控制加筋土的填土层厚及压实度，每层虚铺厚度不宜大于 25 cm，压实度应符合设计规定，且不得小于 95%。

7 筋带位置、数量必须符合设计规定。填土中设有土工布时，土工布搭接宽度宜为 30 cm～40 cm，并应按设计要求留出折回长度。

8 施工中应对每层填土检测压实度，并按施工方案要求观测挡墙板位移。

9 挡土墙投入使用后，应对墙体变形进行观测，确认符合要求。

13.11 附属构筑物

13.11.1 路缘石应符合下列规定：

1 路缘石宜由加工厂生产，并应提供产品强度、规格尺寸等技术资料及产品合格证。

2 路缘石宜采用石材或预制混凝土标准块。路口、隔离带端部等曲线段路缘石，宜按设计弧形加工预制，也可采用小标准块。

3 石质路缘石应采用质地坚硬的石料加工，强度应符合设计要求，宜选用花岗石，并符合下列规定：

1）剁斧加工石质路缘石允许偏差应符合表 13.11.1-1 的规定。

表 13.11.1-1　剁斧加工石质路缘石允许偏差

项　目		允许偏差
外形尺寸（mm）	长	±5
	宽	±2
	厚（高）	±2
外露面细石面平整度（mm）		3
对角线长度差（mm）		±5
剁斧纹路		应直顺、无死坑

2）机具加工石质路缘石允许偏差应符合表 13.11.1-2 的规定。

表 13.11.1-2　机具加工石质路缘石允许偏差

项　目		允许偏差
外形尺寸（mm）	长	±4
	宽	±1
	厚（高）	±2
对角线长度差		±4
外露面平整度		2

4 预制混凝土路缘石应符合下列规定：

1）混凝土强度等级应符合设计要求。设计未规定时，不得

170

小于 C30。路缘石弯拉与抗压强度应符合表 13.11.1-3 的规定。

表 13.11.1-3　路缘石弯拉与抗压强度

直线路缘石			直线路缘石（含圈形、L形）		
弯拉强度（MPa）			抗压强度（MPa）		
强度等级 C_f	平均值	单块最小值	强度等级 C_c	平均值	单块最小值
3.0	≥3.00	2.40	30	≥30.0	24.0
4.0	≥4.00	3.20	35	≥35.0	28.0
5.0	≥5.00	4.00	40	≥40.0	32.0

注：直线路缘石用弯拉强度控制，L 形或弧形路缘石用抗压强度控制。

2）路缘石吸水率不得大于 8%。有抗冻要求的路缘石经 50 次冻融试验（D50）后，质量损失率应小于 3%，抗盐冻性路缘石经 ND25 次试验后，质量损失应小于 $0.5\ kg/m^2$。

3）预制混凝土路缘石加工尺寸允许偏差应符合表 13.11.1-4 的规定。

表 13.11.1-4　预制混凝土路缘石加工尺寸允许偏差

项　目	允许偏差（mm）
长度	+5 / −3
宽度	+5 / −3
高度	+5 / −3
平整度	3
垂直度	≤3

4）预制混凝土路缘石外观质量允许偏差应符合表 13.11.1-5 的规定。

表 13.11.1-5　预制混凝土路缘石外观质量允许偏差

项　目	允许偏差
缺棱掉角影响顶面或正侧面的破坏最大投影尺寸（mm）	≤15
面层非贯穿裂纹最大投影尺寸（mm）	≤10
可视面粘皮（脱皮）及表面缺损最大面积（mm²）	≤30
贯彻裂纹	不允许
分层	不允许
色差、杂色	不明显

5 路缘石基础宜与相应的基层同步施工。

6 安装路缘石的控制桩，直线段桩距宜为 10 cm ~ 15 m，曲线段桩距宜为 5 m ~ 10 m；路口处桩距宜为 1 m ~ 5 m。

7 路缘石应以干硬性砂浆铺砌，砂浆应饱满、厚度均匀，路缘石砌筑应稳固、直线段顺直、曲线段圆顺、缝隙均匀，路缘石灌缝应密实，路缘石表面应平顺不阻水。

8 路缘石背后宜浇筑水泥混凝土支撑，并还土夯实，还土夯实宽度不宜小于 50 cm，高度不宜小于 15 cm，压实度不得小于 90%。

9 路缘石宜采用 M10 水泥砂浆灌缝，灌缝后，常温期养护不得少于 3 d。

13.11.2 护坡应符合下列要求：

1 护坡宜安排在枯水或少雨季节施工。

2 施工护坡所用砌块、石料、砂浆、混凝土等均应符合设计要求。

3 护坡砌筑应按设计坡度挂线，并应按本规程第 13.10.4 节的有关规定施工。

13.11.3 隔离墩应符合下列规定：

1 隔离墩宜由有资质的生产厂供货。现场预制时宜采用钢模板，拼装严密、牢固，混凝土拆模时的强度不得低于设计强度的 75%。

2 隔离墩吊装时，其强度应符合设计规定，设计无规定时不得低于设计强度的 75%。

3 安装必须稳固，坐浆饱满，当采用焊接连接时，焊缝应符合设计要求。

13.11.4 隔离栅应符合下列规定：

1 隔离网、隔离栅板应由有资质的工厂加工，其材质、规格形式及防腐处理均应符合设计要求。

2 固定格离栅的混凝土柱宜采用预制件，金属柱和连接件规格、尺寸、材质应符合设计规定，并应做防腐处理。

3 隔离栅立柱应与基础连接牢固，位置应准确。

4 立柱基础混凝土达到设计强度的 75%后，方可安装隔离栅板（网）片。隔离网、隔离栅板应与立柱连接牢固，框架、网面平整，无明显凹凸现象。

13.11.5 护栏应符合下列要求：

1 护栏应由有资质的工厂加工，护栏的材质、规格形式及防腐处理应符合设计要求，加工件表面不得有剥落、气泡、裂纹、疤痕、擦伤等缺陷。

2 护栏立柱应埋置于坚实的土基内，埋设位置应准确，深度应符合设计规定。

3 护栏的栏板、波形梁应与道路竖曲线相协调。

4 护栏的波形梁的起、讫点和道口处应按设计要求进行端头处理。

13.11.6 声屏障应符合下列规定：

1 金属或化学材料的声屏障应由专业工厂加工，由有资质的施工单位现场安装，所用材质与单体构件的结构形式、外形尺寸、隔音性能应符合设计要求。

2 砌体声屏障施工应符合下列规定：

1）混凝土基础及砌筑施工应符合本规程《城市道路工程施工与质量验收规范》第 13.11.1 条的有关规定。

2）施工中的临时预留洞净宽度不得大于 1 m。

3）当砌体声屏障处于潮湿或有化学侵蚀介质环境中时，砌体中的钢筋应采取防腐措施。

3 金属声屏障施工应符合下列要求：

1）焊接必须符合设计要求和国家现行有关标准的规定，焊接不得有裂缝、夹渣、未熔合和未填满弧坑等缺陷。

2）基础为砌体或水泥混凝土时，其施工应符合本规程第 13.11.6 条第 2 款的有关规定。

3）屏体与基础的连接应牢固。

4）采用钢化玻璃屏障时，其力学性能指标应符合设计要求，屏障与金属框架应镶嵌牢固、严密。

13.11.7 防眩板应符合下列规定：

1 防眩板的材质、规格、防腐处理、几何尺寸及遮光角应符合设计要求。

2 防眩板应由有资质的工厂加工，镀锌（铝）量应符合设计要求，防眩板表面应色泽均匀，不得有气泡、裂纹、疤痕、端面分层等缺陷。

3 防眩板安装应位置准确，焊接或栓接应牢固。

4 防眩板与护栏配合设置时，混凝土护栏上预埋连接件的间距宜为 50 cm。

5 路段与桥梁上防眩设施衔接应直顺。

6 施工中不得损伤防眩板的金属镀层，出现损伤应在 24 h 之内进行修补。

13.12 冬雨期施工

13.12.1 冬雨期施工应符合下列要求：

1 施工中应根据工程所在地的气候环境，确定冬、雨期的起、止时间。

2 冬、雨期施工应加强与气象部门的联系，及时掌握气象条件变化，做好防范准备。

3 雨季施工进行路基、路面施工应配备防雨棚、罩等防护设施。

13.12.2 雨季施工应符合下列要求：

1 各地区的防汛期，宜作为雨期施工的控制期。

2 雨季施工应充分利用地形与既有排水设施，做好防雨和排水工作。

3 施工中应采取集中工力、设备，分段流水、快速施工，不宜全线展开。

4 雨中、雨后应及时检查工程主体及现场环境，发现雨患、水毁必须及时采取处理措施。

5 路基施工应符合下列要求：

1）路基土方宜避开主汛期施工。

2）易翻浆与低洼积水地段宜避开雨期施工。

3）路基因雨产生翻浆时，应及时进行逐段处理，不得全线开挖。

4）挖方地段每日停止作业前应将开挖面整平，保持基面排水与边坡稳定。

6 路基填方地段应符合下列要求：

1）低洼地带宜在主汛期前填土至汛期水位以上，且做好路基表面、边坡与排水防冲刷措施。

2）填方宜避开主汛期施工。

3）当日填土应当日碾压密实，填土过程中遇雨，应对已摊铺的虚土及时碾压。

7 雨后摊铺基层时，应先对路基状况进行检查，符合要求后方可摊铺。

8 石灰稳定土类、水泥稳定土类基层施工应符合下列要求：

1）宜避开主汛期施工。

2）搅拌厂应对原材料与成品采取防雨淋措施，并按计划向现场供料。

3）施工现场应计划用料，随到随摊铺。

4）摊铺段不宜过长，并应当日摊铺、当日碾压成活。

5）未碾压的料层受雨淋后，应进行测试分析，按配合比要求重新搅拌。

9 在土路床上施工级配砂石基层，摊铺后宜当日碾压成活。

10 沥青混合料类面层施工应符合下列要求：

1）降雨或基层有集水或水膜时，不得施工。

2）施工现场应与沥青混合料生产厂保持联系，遇天气变化及时调整产品供应计划。

3）沥青混合料运输车辆应有防雨措施。

11 水泥混凝土面层施工应符合下列要求：

1）搅拌站应具有良好的防水条件与防雨措施。

2）根据天气变化情况及时测定砂石含水量，准确控制混合料的水灰比。

3）雨季运输混凝土时，车辆必须采取防雨措施。

4）施工前应准备好防雨棚等防雨设施。

5）施工中遇雨时，应立即使用防雨设施完成对已铺筑混凝土的振实成型，不得再开新作业段，并应采用覆盖等措施保护尚未硬化的混凝土面层。

13.12.3 冬季施工应符合下列规定：

1 当施工现场环境日平均气温连续 5 d 稳定低于 5 ℃，或最低环境气温低于 –3 ℃ 时，应视为进入冬季施工。

2 路基填方应符合下列规定：

1）铺土层应及时碾压密实。

2）气温低于 –5 ℃ 时，每层虚铺厚度应较常温施工规定厚度小 20% ~ 25%。

3 石灰及石灰、粉煤灰稳定土（粒料、钢渣）类基层，宜在进入冬季前 30 d ~ 45 d 停止施工，不得在冬季施工。水泥稳定土（粒料）类基层，宜在进入冬季前 15 d ~ 30 d 停止施工。当上述材料养护期进入冬季时，应采取保温及防冻措施。

4 级配砂石、级配砾石、级配碎石和级配碎砾石施工，应根据施工环境最低温度洒布防冻剂溶液，随洒布、随碾压。当抗冻剂为氯盐时，氯盐溶液浓度和冰点的关系应符合表 13.12.3 的规定。

表 13.12.3　不同浓度氯盐水溶液的冰点

溶液密度（g/cm³）15 ℃时	氯盐含量（g）		冰点（℃）
	在 100g 溶液内	在 100g 水内	
1.04	5.6	5.9	− 3.5
1.06	8.3	9.0	− 5.0
1.09	12.2	14.0	− 8.5
1.10	13.6	15.7	− 10.0
1.14	18.8	23.1	− 15.0
1.17	22.4	29.0	− 20.0

注：溶液浓度应用比重控制。

5 沥青类面层施工应符合下列规定：

1）黏层、透层、封层严禁在冬季施工。

2）在施工温度低于 5 ℃ 时，应停止施工。

3）沥青混合料施工时，应视沥青品种、标号，比常温适度提高混合料搅拌与施工温度。

4）当风力在 6 级及以上时，沥青混合料不得施工。

5）贯入式沥青面层与表面处治沥青面层严禁冬季施工。

6 水泥混凝土面层施工应符合下列规定：

1）施工中应根据气温变化采取保温防冻措施。当连续 5 昼夜平均气温低于 − 5 ℃ 时进行施工应采取保温、加热措施。

2）水泥应选用水化总热量大的 R 型水泥或单位水泥用量较多的 32.5 级水泥，不宜掺粉煤灰。

3）对搅拌物中掺加的早强剂、防冻剂应经优选确定。

4）采用加热水或砂石料拌制混凝土，应依据混凝土出料温度要求，经热工计算，确定水与粗细骨料加热温度，水温不得高于80 ℃，砂石温度不宜高于50 ℃。

5）搅拌机出料温度不得低于 10 ℃，摊铺混凝土温度不得低于5 ℃。

6）养护期应加强保温、保湿覆盖，混凝土面层最低温度不得低于5 ℃。

7）养护期应经常检查保温、保湿隔离膜，保持其完好，并应按规定检测气温与混凝土面层温度。

8）当面层混凝土弯拉强度未达到1 MPa 或抗压强度未达到5 MPa 时，必须采取防止混凝土受冻的措施。

14 园区道路工程验收

14.1 一般规定

14.1.1 参加园区道路工程施工质量验收的各方人员应具备相应的资格。

14.1.2 单位工程完成后，施工单位应进行自检，并在自检合格的基础上，将竣工资料、自检结果报总监理工程师，申请预验收。总监理工程师应在预验合格后报建设单位申请工程竣工验收。建设单位应依相关规定及时组织相关单位进行工程竣工验收。

14.1.3 园区道路工程的验收除符合本规程的规定外，尚应符合国家现行相关质量验收标准的要求。其中，路基、基层、沥青面层、水泥混凝土面层、铺砌式面层、人行道铺筑、挡土墙、附属构筑物等验收可参照《城镇道路工程施工与质量验收规范》CJJ 1—2008相关章节要求执行。

14.2 园区道路工程质量验收的划分

14.2.1 园区道路工程质量验收应划分为单位工程、分部工程、分项工程和检验批。

14.2.2 单位工程应按下列原则划分：

　　1 具备独立施工条件并能形成独立使用功能的构筑物为一个单位工程。

　　2 对于规模较大的单位工程，可将其能形成独立使用功能的部分划分为一个子单位工程。

14.2.3 分部工程应按下列原则划分：

1 可按专业性质、工程部位确定。

2 当分部工程较大或较复杂时，可按材料种类、施工特点、施工程序、专业系统及类别将分部工程划分为若干分部工程。

14.2.4 分项工程可按主要工种、材料、施工工艺、设备类别等进行划分。

14.2.5 检验批可根据施工、质量控制和专业验收的需要，按工程量、施工段、变形缝等进行划分。

14.2.6 施工前，应由施工单位制定分项工程和检验批的划分方案，并由监理单位审核。

14.3 园区道路工程质量验收

14.3.1 检验批合格质量应符合下列规定：

1 主控项目的质量经抽样检验均应合格。

2 一般项目的质量经抽样检验合格。当采用计数抽样时，合格点率应符合有关专业验收规范的规定，且不得存在严重缺陷。对于计数抽样的一般项目，正常检验一次、二次抽样可按《建筑工程施工质量验收统一标准》GB 50300 执行。

3 具有完整的施工操作依据、质量检查记录。

14.3.2 分项工程质量验收合格应符合下列规定：

1 所含检验批的质量均应验收合格。

2 所含检验批的质量验收记录应完整。

14.3.3 分部工程质量验收合格应符合下列规定：

1 所含分项工程的质量均应验收合格。

2 质量控制资料应完整。

3 有关安全、节能、环境保护和主要使用功能的检验和抽样检测结果应符合有关规定。

4 外观质量验收应符合要求。

14.3.4 单位工程质量验收合格应符合下列规定：

1 所含分部工程的质量均应验收合格。

2 质量控制资料应完整。

3 所含分部工程中有关安全、节能、环境保护和主要使用功能的检测资料应完整。

4 主要使用功能的抽查结果应符合相关专业验收规范的规定。

5 外观质量验收应符合要求。

14.3.5 园区道路工程质量验收记录可按《建筑工程施工质量验收统一标准》GB 50300 的相关规定填写。

14.3.6 当园区道路工程施工质量不符合要求时，应按下列规定进行处理：

1 经返工或返修的检验批，应重新进行验收。

2 经有资质的检测机构检测鉴定能够达到设计要求的检验批，应予以验收。

3 经有资质的检测单位检测鉴定达不到设计要求，但经原设计单位核算认可能够满足安全和使用功能的检验批，可予以验收。

4 经返修或加固处理的分项、分部工程，满足安全及使用功能要求时，可按技术处理方案和协商文件的要求予以验收。

14.3.7 经返修或加固处理仍不能满足安全或重要使用要求的分

部工程及单位工程，严禁验收。

14.3.8 工程竣工验收，应由建设单位组织验收组进行。验收组应由建设、勘察、设计、施工、监理、设施管理等单位的有关负责人组成，亦可邀请有关方面专家参加。验收组组长由建设单位担任。

工程竣工验收应在构成道路的各分项工程、分部工程、单位工程质量验收均合格后进行。当设计规定进行道路弯沉试验、荷载试验时，验收必须在试验完成后进行。道路工程竣工资料应于竣工验收前完成。

14.3.9 工程竣工验收应符合下列规定：

1 质量控制资料应符合《城镇道路工程施工与质量验收规范》（CJJ 1—2008）。

检查数量：查全部工程。

检查方法：查质量验收、隐蔽验收、试验检验资料。

2 安全和主要使用功能应符合设计要求。

检查数量：查全部工程。

检查方法：查相关检测记录，并抽检。

3 外观质量检验应符合本规范要求。

检查数量：全部。

检查方法：目测并抽检。

14.3.10 竣工验收时，应对各单位工程的实体质量进行检查。

本规程用词说明

1 为便于在执行本规范条文时区别对待，对要求严格程度不同的用词说明如下：

1）表示很严格，非这样做不可的：

正面词采用"必须"，反面词采用"严禁"；

2）表示严格，在正常情况下均应这样做的：

正面词采用"应"，反面词采用"不应"或"不得"；

3）表示允许稍有选择，在条件许可时首先应这样做的：

正面词采用"宜"，反面词采用"不宜"；

4）表示有选择，在一定条件下可以这样做的，采用"可"。

2 条文中指明应按其他有关标准执行的写法为："应符合……的规定"或"应按……执行"。

引用标准名录

1　《通用硅酸盐水泥》GB 175

2　《城市区域环境噪声标准》GB 3096

3　《道路交通标志和标线》GB 5768

4　《爆破安全规程》GB 6722

5　《混凝土外加剂》GB 8076

6　《交通信号灯安装规范》GB 14886

7　《交通信号控制机》GB 25280

8　《建筑抗震设计规范》GB 50011

9　《室外给水设计规范》GB 50013

10　《室外排水设计规范》GB 50014

11　《电力工程电缆设计规范》GB 50054

12　《交流电气装置的接地设计规范》GB 50065

13　《给水排水工程构筑物结构设计规范》GB 50069

14　《混凝土外加剂应用技术规范》GB 50119

15　《给水排水管道施工及验收》GB 050268

16　《给水排水工程管道结构设计规范》GB 50332

17　《城市道路交通设施设计规范》GB 50688

18　《无障碍设计规范》GB 50763

19　《混凝土和钢筋混凝土排水管》GB/T 11836

20　《公路交通标志反光膜》GB/T 18833

21　《道路交通标线质量要求和检测方法》GB/T 16311

22 《道路交通标志板及支撑件》GB/T 23827

23 《土工试验方法标准》GB/T 50123

24 《混凝土路面砖》JC/T 446

25 《公路路基设计规范》JTG D30

26 《公路水泥混凝土路面设计规范》JTG D40

27 《公路沥青路面设计规范》JTG D50

28 《公路交通安全设施设计规范》JTG D81

29 《公路工程沥青及沥青混合料试验规程》JTG E20

30 《公路工程水泥及水泥混凝土试验规程》JTG E30

31 《公路土工试验规程》JTG E40

32 《公路工程集料试验规程》JTG E42

33 《公路工程无机结合料稳定材料试验规程》JTG E51

34 《公路路基路面现场测试规程》JTG E60

35 《公路路基施工技术规范》JTG F10

36 《公路水泥混凝土路面施工技术规范》JTG F30

37 《公路沥青路面施工技术规范》JTG F40

38 《公路桥涵施工技术规范》JTG/T F50

39 《公路工程质量检测评定标准》JTG F80/1

40 《公路交通安全设施施工技术规范》JTG F71

41 《公路路面基层施工技术规范》JTJ 034

42 《公路工程沥青及沥青混合料试验规程》JTJ 052

43 《公路工程无机组合料稳定材料试验规程》JTJ 057

44 《城镇道路工程施工与质量验收规范》CJJ 1

45 《城市桥梁工程施工及验收规范》CJJ 2

46 《城市测量规范》CJJ 8

47 《城市桥梁设计规范》CJJ 11

48 《城市道路工程设计规范》CJJ 37

49 《城市道路照明设计标准》CJJ 45

50 《城市道路绿化规划与设计规范》CJJ 75

51 《城市道路照明工程施工及验收规程》CJJ 89

52 《城市道路交叉口设计规程》CJJ 152

53 《城镇道路路面设计规范》CJJ 169

54 《城市道路路线设计规范》CJJ 193

55 《城市道路路基设计规范》CJJ 194

56 《混凝土用钢纤维》YB/T151